깊은 신학
시리즈

04

깊은 영성

성경적
영성으로의
초 대

마이클 헤이킨 지음
/
이 홍 길 옮김

기독교문서선교회

기독교문서선교회(Christian Literature Center: 약칭 CLC)는 1941년 영국 콜체스터에서 켄 아담스에 의해 시작되었으며 국제 본부는 미국 필라델피아에 있습니다.

국제 CLC는 59개 나라에서 180개의 본부를 두고, 약 650여 명의 선교사들이 이동도서차량 40대를 이용하여 문서 보급에 힘쓰고 있으며 이메일 주문을 통해 130여 국으로 책을 공급하고 있습니다.

한국 CLC는 청교도적 복음주의 신학과 신앙서적을 출판하는 문서선교기관으로서, 한 영혼이라도 구원되길 소망하면서 주님이 오시는 그날까지 최선을 다할 것입니다.

The God Who Draws Near:
An Introduction to Biblical Spirituality

Written by
Michael Haykin

Translated by
Hongkil Lee

Copyright © 2007 by Michael Haykin
Originally published in English under the title as
The God Who Draws Near: An Introduction to Biblical Spirituality
by Evangelical Press,
Translated and used by the permission of
Evangelical Press,
Faverdale North, Darlington, DL3 0PH England

All rights reserved.

Korean Edition
Copyright ⓒ 2018 by Christian Literature Center
Seoul, Korea

Recommendation
추천사 1

유 재 경 박사

영남신학대학교 실천신학 교수

한국 교회에 영성이 회자된 지 사반세기다. 돌이켜보면 짧은 시간이다. 하지만 영성이란 말이 홍수를 이루고 있다. 너도나도 영성을 찾고 논한다. 각종 학술대회의 주제는 물론이고, 신학강단의 커리큘럼, 도서명, 심지어 교회집회까지 영성이 들어가지 않은 곳이 없다. 영성이 시대의 아이콘인 듯하다.

그동안 많은 형태의 영성이 한국 교회에 소개되었다. 사막 교부 영성, 동방정교회 영성, 수도원 영성, 로마가톨릭의 다양한 영성과 영성 훈련 등등이 소개되었다. 영성세미나, 영성집회는 헤아리기 힘들 정도로 많다. 그러나 아직도 많은 사람들이 영성이란 용어 자체에 거부감을 느끼고 있다. 영성보다 경건과 헌신을 더 선호하는 사람들이 있다.

왜 그럴까?

답은 간단하다. 지금까지 기독교 영성에 대한 담론과 연구는 영성일반에 대한 것이었다. 그것이 가톨릭 영성인지, 동방정교회 영성인지 개신교 영성인지 확실하지 않은 부분이 많다.

한국 교회는 여전히 미심쩍은 눈으로 영성을 바라보고 있다. 기독교 영성을 말하지만 그것이 성경에 기초한 영성인지, 개혁교회 전통에 서 있는 영성인지 분명하지 않기 때문이다.

그런데 헤이킨 박사의 『깊은 영성』(*The God Who Draws Near*)은 분명하다. 그는 성경에 뿌리를 둔 개혁교회 영성에 천착한다. 그의 기독교 영성 탐구는 성경의 삼위일체 영성에서 시작하여 청교도 영성을 지나 복음주의 영성으로 돌진한다.

헤이킨 박사는 개혁교회의 영성이 건조하고 형식적임을 알고 있다. 복음주의 영성의 빈곤함을 어떤 학자보다 깊이 공감하고 있다. 하지만 절망하지 않는다. 기독교 영성의 참된 길이 성경과 개혁교회 전통에 있기 때문이다. 그는 기독교 영성의 시작을 삼위일체 하나님임을 분명히 했다. 하나님을 이해하는 방식이 곧 삼위일체이고, 인간은 하나님 안에서 자신을 정확하게 안다는 것이다.

기독교 믿음은 은혜의 산물이고 성화는 하나님의 선물이다. 기독교 영성은 그리스도와 그의 십자가, 그리고 말씀에 있다는 것이다. 영성이 성경연구와 교리는 아니지만 끊임없이 성경과 개혁교회 신학전통의 관점에서 영성을 찾고 있다.

그는 기독교 영성의 근원을 논하는데 멈추지 않고, 신앙인의 삶을 현장으로 뛰쳐나갔다. 묵상이 그것이다. 기도하는 자는 그리스도인이고, 묵상하는 자는 하나님께 가까이 가는 자다. 그것은 그리스도인과 삼위일체 하나님과의 수직적 관계다. 우정은 기독교인이 이웃과 함께 살아가는 방식이고, 선교는 소명으로 사는 것이다.

헤이킨 박사는 본서를 통해 성경과 개혁교회 전통에 선 영성의 길을 열었다. 영성은 많지만 참된 영성을 찾기 힘든 시대다. 성경에 뿌리를 둔 영성, 개혁교회 영성을 찾는 사람들에게 본서의 필독을 권한다.

Recommendation
추천사 2

조엘 비키(Joel R. Beeke) 박사
Puritan Reformed Theological Seminary 총장

영성은 오늘날 많은 사람이 관심을 갖는 주제다. 수많은 책들과 아티클, 웹사이트, 강의, 개인이나 그룹 리트릿이 영성 형성을 진작시키는데 도움을 주고 있다. 세속주의와 물질주의가 점점 확산되는 가운데, 근대 문명은 그 소비자들을 만족시키는데 실패하고 있다. 많은 사람들이 모세가 이스라엘 자손들에게 말한 "사람이 떡으로만 사는 것이 아니요"(신 8:3)라는 말씀의 참된 진리를 깨달아가고 있다. 산상수훈에서 많은 이들이 그리스도에게 물었다.

> 목숨이 음식보다 중하지 아니하며 몸이 의복보다 중하지 아니합니까?(마 6:25)

그 결과가 사람들의 삶에 있어서 내적이고 영적인 차원의 발견과 성숙에 새로운 관심들을 갖도록 만들었다. 영적 삶의 개발은 서로 다른 기독교 전통들에 의해 다양한 방법으로 추구되어왔다. 로마가톨릭은 의식주의(ritualism) 영성과 성례의 집행을 제안했고 또 다른 대안으로 수도사적 삶의 규율과 신비주의를 추구하도록 했다. 웨슬리안 감리교 전통(Wesleyan Methodist tradition), 거룩 운동(the Holiness movement), 그리고 더욱 최근에는 오순절주의와 카리스마 운동들은 덜 예전적이고 덜 지성적인 내용으로 반면에 더 강한 감정과 주관주의를 통한 영성을 전개하고 있다.

오늘날 등장하는 대부분의 영성이 갖고 있는 문제는 이런 영성들이 성경에 더 깊이 뿌리를 두지 않고 너무 자주 비성경적 신비주의로 빠져든다는 점이다. 이에 비해, 개혁주의적 기독교는 그 나름대로의 길을 따라가고 있는데, 이는 성경으로 모든 것을 시험하고 성경의 가르침과 지시로 만들어가는 영적 삶을 개발하는데 관심을 갖고 있다.

『깊은 영성』(*The God Who Draws Near*)은 개혁주의적 영성이 "모든 성경은 하나님의 감동으로 된 것으로 교훈과 책망과 바르게 함과 의로 교육하기에 유익하니"(딤후 3:16)라는 말씀에 대한 확신을 주기 위해 노력하고 있다는 것을 보여주고 있다. 이는 존 머레이(John Murray[1898-1975])가 성경적 지식과 진지한 경건의 균형을 추구하면서 '지성주의 경건'이라 부른 것인데, 성령에 의지함으로써 얻는 것을 목적으로 한다.

오늘날은 마음과 영혼의 성숙을 동시에 강조하는 것이 분명히 필요한 시대다.

한편으로 바른 교리의 가르침을 가지고는 있지만, 건조한 개혁주의 정통의 문제인 역동적이고 거룩한 삶을 강조하는 것이 부족한 문제에 직면해 있다. 그 결과 사람들은 교리의 하나님(the God of doctrine)과 역동적이거나 영적인 연합이 없는 하나님의 교리(the doctrine of God)를 숭배한다.

다른 한편으로 형식적이며 생명력 없는 기독교에 대항해 감정주의를 제안하는 오순절주의나 카리스마적 기독교가 있다. 그러나 이는 전적으로 성경에 근거를 둔 영성이 아니다. 오순절주의와 카리스마 기독교의 영성으로 인해 사람들은 삼위일체 하나님보다 인간의 감정을 우선시하게 되었다.

본서는 성경적 영성주의를 지향하는데, 이는 하나님의 놀라운 은혜와 은혜의 방편에 깊이 뿌리내리는 것으로, 개혁주의와 청교도의 유산에 의해 지지받는 영성이다. 이는 마틴 로이드 존스(D. Martin Lloyd-Jones[1899-1981])의 고백에서 잘 드러나 있다.

우리의 영성을 궁극적으로 시험해보는 방법은 우리가 하나님의 은혜에 얼마나 놀라는지를 측정하는 것이다.

이 말은 성경적 영성을 추구하는 것이 우리의 필요에 뿌리 내리고 있음을 보여준다. 영성은 우리가 무엇을 얻기 위해 행하는 극단적 경건을 의미하는 것이 아니라, 오히려 우리가 누구이며 그리스도와의 연합에 의해서 우리가 알고 관계 맺은 하나님께 겸손과 감사한 마음으로 반응하는 것이다.

요약하면, 영성은 어떤 기술을 나열하는 것도 아니고 기교를 배우는 것도 아니다. 성령에 이끌려 예수님을 더욱 닮아가는 고되고 느린 과정이다.

헤이킨 박사는 영성 형성은 영적 훈련과 별개의 것이 아님을 강조한다. 우리는 일상에서 우리를 거룩함에 이르도록 이끄는 습관들을 세우기 위해 도움이 될 영적 연습이나 삶의 패턴을 수행해야 한다.

헤이킨 박사가 잘 정의하고 설명하고 있는 중요한 영성의 원리들인 하나님을 아는 지식, 자기 성찰, 그리스도와 십자가 중심, 성경, 기도, 묵상, 영적 우정, 그리고 선교를 살펴보도록 하자.

그리고 헤이킨 박사가 제시하는 성경적 영성을 통해서 우리의 삶 안에서부터 성숙한 영성의 모습들이 세상에 드러나도록 성령의 은혜를 구해야 한다. 제임스 패커(James I. Packer)가 말했듯이, "진정한 행복에 이르는 길은 정말로 사람이 되는 것이고, 정말로 사람이 되는 것은 진실로 거룩한 것이다."

이제 그 부르심과 도전은 우리의 것이다.

The God Who Draws Near:
An Introduction to the Biblical
Spirituality

Recommendation
추천사 3

도날드 위트니(Donald S. Whitney) 박사
The Southern Baptist Theological Seminary 영성신학 부교수

아마 오늘날 어떤 작가도 마이클 헤이킨 박사보다 기독교 역사와 영성에 대해 폭넓게 읽는 이도 드물 것이다. 그의 연구 결과는 본서에서 분명히 드러났다. 왜냐하면 헤이킨 박사는 기독교 영성에 대한 성경적 가르침으로 풍성한 향연을 베푸는 것만이 아니라, 기독교 역사에서 구원의 이야기와 인용들을 곁들이고 있기 때문이다.

이를 통해 우리는 21세기를 위해 영성을 재발견한 헤이킨 박사를 만나는 것이 아니라, 우리를 성경과 연결시켜주는 그리고 우리 앞서서 하나님과 동행한 그래서 우리 세대가 영원하신 하나님과 동행하는데 지혜로운 조언을 줄 수 있는 믿음의 조상들의 지혜와 연결시켜주는 헤이킨 박사를 만날 것이다.

칼 트루먼(Carl R. Trueman) 박사
Westminster Theological Seminary 역사신학 및 교회사 교수

본서에서 마이클 헤이킨 박사는 독자에게 올바른 성경적 영성의 핵심 요소를 소개하고 있다. 특별히 이 시대에 그리스도를 위해 살기 위하여 헤이킨 박사가 말하는 두 가지 점을 주목해야 한다.

헤이킨 박사는 그리스도인의 삶은 삼위일체적 차원에서 이해할 필요가 있다고 보고 있다. 나아가 과거의 위대한 고전적 영성으로 이끄는 가치에 주목해야 한다고 믿는다. 본서는 즐겁게 읽을 수 있고 친구들에게 소개할만한 책이다.

** ▪ *** ▪ *** ▪ **

러셀 모어(Russell D. Moore) 박사
The Southern Baptist Theological Seminary 신학부 학장

기독교와 일반 서점의 서고에 있는 영성에 대한 꽤 많은 책들은 뉴에이지의 미로를 걷는 것이거나 거짓 영성에 영합

하는 것이다. 영성과 다른 몇몇 분야에서 위대한 복음주의 학자들 중 하나인 마이클 헤이킨 박사는 성경적 영성에 대한 신선하고 고전적 접근을 제시하고 있다.

그는 성령이 이끄는 영성을 회복하고 우리를 예수 그리스도에게로 이끈다. 예수님과 더 가까이 동행하기를 원하는 자들은 (우리 모두가 그렇게 되어야 한다) 본서를 사랑할 것이다.

※※ ■ ※※ ■ ※※ ■ ※※

로버트 스트라번스(Robert Strivens) 박사
영국 London Theological Seminary 역사학 교수

말씀과 영혼에서 발견되는 진정한 영성에 대한 성경적이고 완전히 관점은 오늘날 수 많은 이들을 속이는 거짓 영성과 대조된다.

데렉 토마스(Derek W. H. Thomas) 박사
Reformed Theological Seminary 조직신학 및 실천신학 교수

포스트모던 시대보다 성경적이고 개혁주의적 영성이 필요한 때는 없다. 본서에 담긴 마이클 헤이킨 박사의 영성에 대한 설명은 시기적절하다. 존 오웬의 접근 방식을 사용한 헤이킨 박사의 방법은 다분히 삼위일체론적이다. 하나님께 영광을 돌리고, 그리스도 중심적이며 성령의 강조에 있다.

최고의 역사학자의 덧붙여진 능력과 함께 헤이킨 박사는 역사의 장을 파헤쳐서 성경적 기준의 거룩함에 대한 이해를 돕기 위해서 탁월한 일례들을 찾아내고 있다. 매우 시기적절한 책이다. 그리고 독자가 반드시 알아야 하는 것이 있다.

본서를 읽는다는 것은 당신에게 어느 정도의 희생과 헌신을 요구할 수 있다는 점이다. 왜냐하면 본서는 당신으로 하여금 당신의 죄로부터 멀어질 것을 요구한다. 그렇게 함으로써 당신은 그리스도 안에서 완전하며 자족과 기쁨을 발견한 것이기 때문이다.

Recommendation
저자 서문

마이클 헤이킨(Michael A. G. Haykin) 박사
The Southern Baptist Theological Seminary 교회사 교수

어떤 책도 외부와 단절된 상태에서 쓰이지 않는다. 이 말에는 예외가 없다. 나는 1982년부터 1993년까지 토론토에 있는 중앙침례신학교(Central Baptist Seminary)에서 학생들을 가르칠 수 있는 특별한 특권과 기쁨을 누릴 기회가 있었다. 이 학생들은 본서의 많은 부분들을 먼저 들었다.

그 때 나는 종교개혁주의, 청교도 시대, 18세기 복음주의 운동 시기의 기독교 영성의 역사에 관심을 갖기 시작했다. 개신교와 복음주의 영성에 대한 이런 관심은 필연적으로 강의와 채플에서 연설할 때에 나타났고 그 뒤로 몇 년 동안 설교에서도 이어졌다. 수많은 학생들이 내 생각을 더 날카롭

게 정리할 수 있도록 헌신적으로 도왔을 뿐만 아니라, 내가 하나님과 동행하도록 바라며 많은 도움을 줬다.

지난 수년 동안 좋은 친구이며 본서의 시작에 중요한 역할을 감당했던 두 커플인 노던 아일랜드 벨패스트(Belfast, Northern Ireland)에 있는 에릭(Eric)과 이사벨 린세이(Isable Linsay)와 영국의 반스테이플(Barnstaple)에 있는 데이비드(David)와 루스 케이(Ruth Kay)에게 진심으로 감사의 말을 전한다. 삼위일체 하나님의 친밀함에 감사하는 마음으로 나는 본서를 이들에게 바친다.

또한 본서를 시작하기 전에 내가 얼마나 큰 빚을 졌는지 밝혀야 할 이야기가 있다. 1980년 초에 리차드 러블레이스(Richard Lovelace)의 대작 『역동적인 영성의 삶: 새로운 복음주의 신학』(*Dynamics of Spiritual Life: An Evangelical Theology of Renewal*, IVP, 1797)을 읽었었는데, 그것이 내가 복음주의 영성을 이해하고 형성하는데 큰 도움이 되었다.

러블레이스가 말한 영성에 대한 전제조건, 갱신과 영성에 대한 1차와 2차 요소들, 부흥에 대한 성경적 이해를 위해서는 교회 역사를 고찰해야 할 필요가 있다는 그의 접근법은 몇 년 동안 내 머리 속에서 떠나지 않았을 뿐만 아니라, 복음주의 영성에 대한 나의 생각을 지배해왔고 내가 영

성에 대해서 글을 쓰거나 가르칠 수 있도록 매우 중대한 영향을 미쳤다.⁰¹

The God Who Draws Near:
An Introduction to the Biblical
Spirituality

---

1   이러한 요소들을 보여주는 간략한 목록에 대해서는 다음을 참조하라. Richard Lovelace, *Dynamics of Spiritual Life: An Evangelical Theology of Renewal* (Downers Grove, Illinois: InterVarsity Press, 1979), 75.

Recommendation

역자 서문

이홍길 박사

Faith Theological Seminary 설교학 교수

흔히 '영성'이라고 하면 일반 사람에게 없는 고차원적이거나 신비한 능력을 연상하게 된다. 이는 교회에서도 동일하다. 어떤 목사님이 기도했더니 불치병이 낫고 기도 제목도 빨리 응답받았다면, 그 목사님을 일컬어 영성이 탁월한 목사님이라고 부르곤 한다.

그래서 그리스도인들 사이에도 더 큰 '영성'을 갖기 위해 산기도를 간다거나 고행과 같은 극단적 체험이나 훈련이 필요하다고 말하는 것을 종종 듣는다. 그러나 이런 방식의 영성은 기독교적 영성 또는 성경적 영성이라고 말할 수 없다. 어쩌면 도교와 불교의 영향을 받은 세속화된 기독교의 부정적인 단면일지도 모르겠다.

'영성'에 대해 또 한 가지 생각해 볼 것이 있다. '영성'은 말 그대로 영적인 것을 포함하기 때문에 성령님의 능력이 나타나는 그 무엇으로 이해를 하게 된다. 그래서 '영성'을 추구하는 사람들은 성령님에만 전적으로 의지하거나 치우쳐 있는 모습도 보게 된다. 그로 인해 교회나 가정에 나타난 문제들 또한 간과할 수 없다.

'영성'에 대한 이런 고민을 하면서 알게 된 책이 마이클 헤이킨(Michael Haykin) 박사의 『깊은 영성』(*The God Who Draws Near*)이었다. 본서를 읽으면서 그리고 마지막 장을 덮으면서 우선 너무 좋았다. 어렵지 않았다. 그리고 우리가 알아야 하는 성경적 영성이 무엇인지도 알게 되었다. 성부 하나님, 성자 예수님, 그리고 성령 하나님의 역사하심을 통해서 우리의 신앙의 본질을 돌아볼 수 있었기 때문이었다.

특별히, 헤이킨 박사는 삼위일체의 균형을 통해 영성을 이해하려고 시도를 하는데, 이런 시도가 최근에 생긴 것이 아니라는 점 또한 큰 도전이 되었다. 교회사에서 잘 알려진 신앙의 선배들뿐만 아니라, 본서가 아니었으면 들어보지도 못했을 수 많은 그리스도인들이 삼위 하나님과의 친밀한 관계를 통해서 성경적 '영성'을 추구했다. 그리고 그 어떤 어려움 속에서도 이런 영성을 통해서 믿음의 길을 온전히 걸었다.

본서가 우리에게 던지는 묵직한 도전이 아닐까?

헤이킨 박사의 『깊은 영성』은 '영성'에 대한 입문서와 같다. 그러나 결코 가볍지 않다. 쉬우면서도 우리가 건강한 성경적 영성을 추구하기 위해서 분명히 기억해야 할 핵심을 잘 가르쳐주고 있다.

마지막으로 본서에 기록된 브룬델의 기도에 대한 관점은 우리가 어떤 마음과 자세로 하나님께 기도해야하는지 분명히 보여준다. 이 기도로 서문을 마무리하고자 한다.

> 하나님은 세상에서 당신의 뜻을 이뤄가기를 원하는 기도에 분명히 응답하신다. 하나님은 그런 기도가 없이도 일하실 수 있으시다. 그러나 하나님은 그런 기도가 없이 일하시지 않는 것만이 아니라, 기도가 없이 일하려고 하지도 않으신다.
>
> - 브룬델의 기도 (본문 중에서) -

목 · 차

추천사 1 • 유 재 경 박사   4
추천사 2 • 조엘 비키 박사   7
추천사 3 • 도날드 위트니 박사 외 4인   12
저자 서문 • 마이클 헤이킨 박사   16
역자 서문 • 이 홍 길 박사   19

서론 •   23
제1장 • 삼위일체 영성   33
제2장 • 하나님을 아는 것과 우리 자신을 아는 것   57
제3장 • 그리스도 중심의 영성   81
제4장 • 십자가 중심의 영성   101
제5장 • 말씀의 영성   124
제6장 • 기도와 그리스도인의 삶   148
제7장 • 기독교의 묵상   170
제8장 • 은혜의 방편으로서 영적 우정   190
제9장 • 선교– 진정한 영성의 필수적 열매   221

서론

✦
✦
✦

1985년 부활절에, 토마스 하워드(Thomas Howard)가 로마가톨릭교도가 되었다. 그는 휘튼대학교 졸업생이자 고든대학교의 영어과 교수이고 동시에 오랫동안 복음주의 수호자였다. 특히 그의 누이는 작가이며 복음주의 순교자 짐 엘리엇(Jim Elliot[1927-1956])의 미망인인 엘리자베스 엘리엇(Elisabeth Elliot)이었다.

견고한 복음주의 가정의 일원이었던 하워드의 로마가톨릭으로의 개종은 당시에 복음주의 진영에 큰 충격을 주었다. 전형적인 복음주의출판사인 「크리스쳐니티 투데이」(*Christianity Today*)는 아홉 페이지에 걸쳐 하워드의 개종을 특집으로 다뤘다. 이 사건은 당시에 아주 매력적인 읽을 거리였다. 왜 로마가톨릭으로 돌아서게 되었는지에 대한 질문을 받았을 때, 하워드는 소위 복음주의 어두운 면을 언급했다.

하워드는 특히 복음주의의 어두운 면으로서 두 가지를 언급했다.

첫째, 하워드가 느꼈던 것은 "복음주의 예배의 절망적이고 황폐하고 몹시 건조한 모습"이었다.

둘째, "기독교 영성의 깊고 풍성함에 이르렀을 때 복음주의의 영적 빈곤"이었다.[01]

오늘날 복음주의 영성은 가난하고 얄팍하다는 하워드의 관찰은 다른 많은 사람들도 어느 정도 인식하고 있다. 왜냐하면 지난 25년 동안 복음주의의 숫자는 증가했고 그로 인해 영성과 같은 역동적인 주제에 더 많은 사람들이 관심을 갖기 시작했기 때문이다.

01　John D. Woodbridge, "Why Did Thomas Howard Become a Roman Catholic?", *Christianity Today*, 29. no. 8 (1985), 49. 이 기사 외에도 다른 두 가지 기사가 있다. Randy Frame, "Well-known Evangelical Author Thomas Howard Converts to Catholocism," *Christianity Today*, 29. no. 8 (17 May 1985), 46-47 and John D. Woodbridge, "Is Evangical Faith Enough?," *Christianity Today*, 29. no. 8 (17 May 1985), 58-62. Howard와 복음주의자들(evangelicals)이 로마가톨릭으로 개종한 것에 관한 근래의 논의에 대해서는 Mark Noll and Carolyn Nystrom, "Is the Reformatioin Over?," *Books & Culture*, 11, no.4 (July/August 2005), 16-18을 참조하라.

사실, 많은 복음주의자들 사이에서, 영성은 미국 복음주의 역사가인 리차드 러블레이스가 "성장하는 산업"이라 부른 것이 되어왔다.[02] 동시에 서구 문명에서 대체적으로 영성에 대한 관심이 현저하게 증가하고 있다. '영적으로 되는 것'과 '영성'이 유행처럼 번지고 있다.

「크리스쳐니티 투데이」(2001년 4월 2일)에 있는 다른 기고문에서, 복음주의 학자인 에딧 험프리(Edith M. Humphrey)는 우리 문화에서 사람들의 영성에 대한 관심이 급증하고 있다고 말했다. 그녀는 인터넷 사이트(Metacrawler)를 통해서 무작위로 검색을 했는데, 영성에 대해 어떤 부분으로도 연관된 검색어 웹사이트들을 발견했다.

> 오늘날의 영성, 여성의 영성에 대한 책 리스트, 영적으로 걷는 사람: 명료함, 균형, 그리고 영적 접속을 위한 체력증진 걷기, …예수회의 영성, 북미 원주민의 영성, …뉴에이지를 위한 영적 도구들(피라미드, 지팡이들, 단검들, 추들…), 영성과 건강, 영성과 장수, 내적 자아 잡지: 종교에 반대하는 영성, 직장에서의 영성, 성과 영성, 자주 묻는 질문들, 실제적으

---

[02] Richard Lovelace, *Renewal as a Way of Life* (Downers Grove, Illinois: InterVarsity Press, 1985), 15.

로 적용하는 영적 아이디어들, 영성에 관한 책—성공으로 가는 보이지 않는 길, 정신요법과 영성, 미로에서의 영적 걸음…. [03]

이처럼 영성에 관해 뒤죽박죽된 것을 보고 있노라면, 어떤 그리스도인들이 영성이라는 단어를 사용하는 것을 극단적으로 꺼리는 것도 놀라운 것은 아니다. 이런 단어들은 영성에 대해서 모든 것을 의미하는 것처럼 보이지만 결과적으로 아무 것도 의미하지 않는다.

사실 '영성'이라는 단어는 기독교적 맥락에서만 사용할 수 있고 그렇게 해야 한다. 왜냐하면 영성은 우리에게 그리스도인의 삶에 대해서 가장 기본적인 것들을 상기시키기 때문이다. 영성이라는 단어는 라틴어 '스피리투알리타스'(*spiritualitas*)에서 유래했는데, 차례차례 살펴보면, 그것은 라틴어 '스피리투스'(*spiritus*)로서 '영'이라는 것에서 기원한다. 스피리투알리타스의 사용에 관한 가장 오래된 기록은 주후 5세기로, 무명의 작가, 아마도 리즈의 파우스터스(Faustus of Riez[주후 490년 사망])로 보이는데, "영성으로(in spiritualitate) 나아가는

---

[03] Edith M. Humphrey, "It's Not About Us," *Christianity Today*, 45, no.5 (2 April 2001), 68.

것으로서의 역할을 하는 것"에 대한 서신에서 이 단어를 사용했다.[04]

이 단어의 주변 맥락을 통해서 단어의 뜻을 살펴보면, 작가가 그의 수신자에게 성령에 의해서 삶을 살아가도록 충고하고 있는 것이 분명하다. 이것이 영성의 개념을 이해하기 위한 가장 좋은 시작이다. 진정한 영성은 성령과 그의 역할에 아주 친밀하게 연관된 것이다.

1. 영성은 성령의 역사에 의지한다

만약 우리가 신약 저자들에게 "성령의 역사의 본질이 무엇입니까?"라고 묻는다면, 우리는 그에 대한 매우 많은 정보들을 얻을 것이다. 예를 들어, 성령은 우리를 위해 하나님의

---

[04] Walter Principe, "Toward defining spirituality," *Studies in Religion*, 12, no.2 (Spring 1983), 130-131에서 재인용. T. R. Albin에 의하면, 이 단어의 기원은 프랑스가톨릭으로 거슬러 올라간다. 그가 불어로 그 단어를 직접 언급한 것은 아니지만, 아마도 그 불어 단어(*spiritualité*)를 염두에 뒀을 것이다. 그리고 영성이라는 단어는 "18세기에 이르러서야 신학의 잘 정의된 한 분야"로 나타나기 시작했다("Spirituality" in Sinclair B. Ferguson and David F. Wright, *New Dicitionary of Theology* [Downers Grove, Illinois/Leicester, England: InterVarsity Press, 1988], 656).

진정한 사랑을 만드는 분이다.

> 성령으로 말미암아 하나님의 사랑이 우리 마음에 부은 바 됨이니(롬 5:5).

어떤 의미에서 성령은 그리스도인의 삶의 문지방에 서 있는 분이라고 할 수 있다. 왜냐하면 오직 성령이 우리를 구주와 주이신 그리스도와 연합하게 할 수 있기 때문이다.

> 성령으로 아니하고는 누구든지 예수를 주시라 할 수 없느니라(고전 12:3).

그리고 우리로 하여금 담대히 하늘과 땅을 창조하신 전지전능하신 하나님의 존전으로 이끌며 그 분을 '아버지'라 부르도록 만드는 분이 성령이다.

> 하나님이 그 아들의 영을 우리 마음 가운데 보내사 아빠 아버지라 부르게 하셨느니라(갈 4:6).

다양한 인종, 사회, 그리고 종교적 배경을 갖고 있는 믿는 자들이 그리스도 안에서 진정한 연합과 함께 하나님을 경배하도록 이끄시는 분이 성령이다(엡 2:18). 사실, 성령의 도움이 없이는 우리 삶에서 예배와 예수 그리스도를 영화롭게 하는 일은 일어날 수 없다(빌 3:3). 그리고 정통의 진정한 보증인은 성령이다(딤후 1:14).

성령의 역사에 있어서 그 다양성에 대해 가장 잘 요약된 말을 갈라디아서 5:25에서 찾을 수 있다. 이 구절은 우리의 삶을 영위해 나가는데 있어서 삶의 근원으로서 성령에 대해 가장 단순하게 말하고 있다.

> 만일 우리가 성령으로 살면 또한 성령으로 행할지니
> (갈 5:25).

따라서 성령은 그리스도인으로서 우리 삶의 전체를 뒷받침하며 권능을 부여한다. 요한복음 15:5을 달리 표현하면, 우리가 성령을 떠나서는 진정으로 영원한 가치를 위해 아무 것도 할 수 없다고 말할 수 있다. 영국의 나다나엘 레이뉴(Nathanael Ranew[1602–1678])는 다음과 같은 방법으로 성령의 새 언약 사역을 바르게 정리했다.[05]

---

[05] Ranew에 관해서는 제7장을 참조하라.

먼저 성령은 그리스도인의 영과 인격에 찾아와서 그리스도를 그 삶에 적용하고, 그리스도를 그 안으로 모시도록 하고, 그 안에 거룩한 성전을 만들어서 그 마음 안에 거하므로 하나님과 그리스도의 거처가 되도록 한다. 성령은 오셔서 머무시며 쓸어담고 깨끗케 하신다. 성령은 어두운 마음에 빛을 비추신다. 성령은 잘못과 거짓된 마음에 진리를 공급한다. 성령은 약한 마음에 능력을 주신다. 성령은 차갑고 죽고 결국 죄악된 마음에 생명과 온기를 주며 하늘의 은혜를 누릴 수 있는 자격을 부여한다. 그리고 우리의 영에 그리스도의 영화로운 형상을 그린다. 성령은 그리스도인의 삶에 더 많은 생동감을 주고 그 삶을 견고케 하며 확장하고 격려하고 이루 말할 수 없는 평화와 기쁨으로 그리스도인의 영을 가득채운다.[06]

성경적 영성 서론에서, 우리를 하나님께로 더 가까이 이끄는 성령의 역사에 대한 9가지 점들을 살펴볼 것이다.[07] 이런

---

[06] Nathanael Ranew, *Solitude Improved by Divine Meditation* (1839 ed.; repr. Morgan, Pennsylavania: Soli Deo Gloria, 1995), 98.
[07] 공간상의 이유로 인해서 복음주의적 영성의 어떤 분야는 본서에서 다 언급할 수 없을 것이다. 예를 들어, 주의 만찬이 우리가 하나님께로 가까이 나아가는데 어떤 역할을 해왔고 어떤 역할을 해야하는지에 대해서는 논하지 않을 것이다. 복음주의는 우리가 하나님께 가까이 다가가는데 있어서

종류의 성령의 역사에 대한 고찰은 새로운 것이 아니다. 청교도들과 초기 복음주의자들이 이에 대해 놀라울 정도로 앞서서 연구해왔다.

예를 들어, 미국 대부흥운동에 등장한 광신에 대한 단순한 반응과 차원이 다른 조나단 에드워즈(Jonathan Edwards[1703-1758])가 쓴 탁월한 책인 『신앙 감정론』(*The Religious Affections*, 1746)을 생각해보자.

이 책은 진정한 경건이 무엇인가에 대한 진지한 고찰이 담긴 오랜 역사의 한 부분이다. 따라서 이런 의미에서 이 작은 책자는 영성에 대한 거대한 전통의 일부분을 반영한다.

미사(Mass)가 핵심적인 역할을 한다고 주장하는 로마가톨릭의 관점을 훌륭하게 거부했다. 그럼에도 불구하고 역사적으로 복음주의자들은 삼위일체의 하나님의 사랑을 불러일으키는 주님의 만찬의 중요성에 대해서는 명확하게 인식하지 못했다. 가령, 다음을 참조하라. Micahel A. G. Haykin, "His soul-refreshing presence: The Lord's Supper in Calvinistic Baptist Thought and Experience in the "Long" Eighteenth Century" in Anthony R. Cross and Philip E. Thompson, eds., *Baptist Sacramentalism* (*Studies in Baptist History and Thought*, vol. 5; Carlisle, Cumbria/Waynesboro, Georgia: Paternoster Press, 2003), 177-193.

The God who Draws near
an introduction to biblical spirituality

제1장

삼위일체 영성

"나뉠 수 없는 삼위 하나님과
신비로운 한분 하나님"

마태복음 28:19-20은 오랜 시간 동안 그리스도의 위대한 명령으로 인식되어 왔다. 교회는 전 세계 다른 나라들에게 문화를 뛰어넘어 복음을 전해야 할 책임이 있다. 예를 들어, 윌리엄 캐리(William Carey[1761-1834])는 이 구절로 자신의 칼빈주의 침례교 친구들이 놀라운 성경의 진리를 깨달을 수 있도록 했다.

어떤 신학자들은 모든 나라에서 제자를 삼으라는 그리스도의 명령은 더 이상 교회에 부과된 의무가 아니라고 주장하고 있다. 이들은 초대 교회가 실제적으로 그 명령을 이미 완성했다고 주장한다. 캐리에 의하면 그들은 다음과 같이 주장하고 있다.

> ...우리는 우리 민족의 구원에 참여하기 위해 지금까지 충분히 그 역할을 감당해왔다. 그리고 만약 하나님이 이교도들의 구원을 의도하셨다면, 그분은 다른 방법들이나 다른 사람들을 통해서 이교도들을 복음으로 이끌거나 복음을 그들에게 전하게 할 것이다.[01]

캐리는 이런 주장을 지적이면서도 능숙하게 거부했다. 캐리에 의하면, 마태복음 본문에 나타나는 두 가지 특징이 있는데, 그 두 가지 모두 시간적인 제한이 없다. 세례를 주라는 명령은 여전히 많은 곳에서 시행이 되고 있으며 그리스도의 지속적인 임재에 대한 약속은 고난이나 환난의 때에 그리스도인에게 큰 위로가 되고 있다. 따라서 캐리는 다음과 같이 결론을 내렸다.

"인도주의, 더 정확히 말하면 기독교인들은" 전 세계 믿지 않는 나라와 민족들에게 "복음을 전하도록 모든 가능한 노력을 기울일 필요가 있다."[02]

---

01 William Carey, *An Enquiry into the Obligations of Christians, to Use Means for the Conversion of the Heathens* (Leicester, 1792), 8.
02 Carey, Enquiry, 8-13 중 13쪽에서 인용했다. Carey의 마 28:19-20의 해석에 대한 주해적 이해를 더 살펴보려면, Peter O'Brien의 글을 참고하라. Peter O'Brien, "The Great Commission of Matthew 28:18-20, An Missionary Mandate or Not?," *The Reformed Theological Review*, 35 (1976),

캐리의 이런 설명은 마태복음 본문 이해에 있어서 놀라운 통찰력을 제공한다. 그러나 이 말씀을 통해서 알아야 할 더욱 기본적인 것이 하나 있다. 이 본문이 하나님을 아는 것에 대해서 우리에게 무엇을 말하고 있는지 다시금 귀를 기울여야 한다.

다른 말로 하면, 이 본문은 우리에게 하나님을 진정으로 아는 것은 삼위의 존재로서 (하나님 아버지, 아들과 성령) 그분을 아는 것이라고 가르친다. 우리는 이런 통찰력이 하나님에 대한 신약 전체 계시의 일부분이 될 수 있는지 살펴볼 것이다. 또한 복음주의적 영성을 위해 교회는 삼위일체 교리가 필요하다는 이 사실이 지닌 심오한 함의를 연구할 것이다.

1. 바울: 삼위일체 신학자

이제 삼위일체에 대한 신약의 증거들을 좀 더 가까이서 살펴보도록 하겠다. 예를 들면, 바울 서신의 상당한 분량에서 그리스도인에게 속한 복의 공동 근원으로서 하나님 아버지, 아들 예수님과 성령이 함께 등장한다.

66-78.

고린도전서 12:4-6에서 바울은 교회에서 하나님의 은혜가 다양하게 선포되는데, 먼저는 성령에게로, 그리고 구주 예수에게, 그리고 마지막으로 하나님에게로 선포되고 있음을 보여주고 있다.

> 은사는 여러 가지나 성령은 같고 직분은 여러 가지나 주는 같으며 또 사역은 여러 가지나 모든 것을 모든 사람 가운데서 이루시는 하나님은 같으니(고전 12:4-6).

"다양한 은사," "다른 직분," 그리고 "다양한 사역"의 세 표현을 마치 별개의 것으로 생각하면 안 된다. 오히려, 동일한 것을 바라보는 다른 방식, 즉 기독교 공동체 안에서 성령의 은사가 자신을 드러내는 다른 방법이라고 이해하는 것이 맞다.

여기서 바울의 관심은 교회 안에서 은사의 다양성은 한 분, 즉 동일한 하나님으로까지 거슬러 올라갈 수 있다고 증거하는 것에 있다. 바울은 이 말씀을 통해 삼위일체 하나님의 존재를 변론하려는 것이 아니다. 다만 바울은 이 구절들에서 구주 예수 그리스도와 하나님 아버지는 한 분이라는 점

을 확신있게 전하고 있다.[03]

바울이 그리스도인의 부르심에 걸맞은 삶으로서 삼위일체의 기본에 대해 서술한 에베소서 4:4-6에서 우리는 동일한 전제가 작용한다는 사실을 확인할 수 있다. 에베소서 4:1에서 바울은 그의 독자에게 "부르심을 받은 일에 합당하게 행하여"라고 권면한 뒤에, 2-3절에서 이것이 무엇을 의미하는지 구체적으로 말하고 있다. 그리고 4-6절에서는 이런 권면을 위해 기본적으로 알아야 할 것을 제시하고 있다.

> 몸이 하나요 성령도 한 분이시니 이와 같이 너희가 부르심의 한 소망 안에서 부르심을 받았느니라 주도 한 분이시요 믿음도 하나요 세례도 하나요 하나님도 한 분이시니 곧 만유의 아버지시라 만유 위에 계시고 만유를 통일하시고 만유 가운데 계시도다(엡 4:4-6).

다시 한 번 기억해야 할 것은 이 구절들을 통해서 바울은 성령과 아들과 아버지가 한 분 하나님이시라는 삼위일체 교

---

[03] Gordon D. Fee, *God's Empowering Presence: The Holy Spirit in the Letters of Paul* (Peabody, Massachusetts: Hendrickson Publishers, 1994), 161-163.

리를 발전시키려 하지 않고 있음을 알아야 한다. 오히려 자신과 자신의 독자가 그리스도인의 삶에서 하나님을 경험하는 것은 삼위일체의 개념 안에서만 온전히 표현되고 이해될 수 있다는 것이 분명히 하고 있다.[04]

디도서 3:4-6에서 우리는 삼위일체에 관한 또 다른 말씀을 찾을 수 있다. 3절에서 바울은 자신과 그의 독자가 전에 "어리석은 자요 순종하지 아니한 자요 속은 자요 여러 가지 정욕과 행락에 종노릇한 자요 악독과 투기를 일삼은 자요 가증스러운 자요 피차 미워한 자"였다고 생생하게 묘사하는 것으로 시작한다. 이런 상태에서 전혀 스스로를 구해낼 수 없었지만, 이때 하나님께서 홀로 그들을 자유롭게 해주셨다. 그래서 4-6절에서 다음과 같이 말하고 있다.

> 우리 구주 하나님의 자비와 사람 사랑하심이 나타날 때에 우리를 구원하시되 우리가 행한 바 의로운 행위로 말미암지 아니하고 오직 그의 긍휼하심을 따라 중생의 씻음과 성령의 새롭게 하심으로 하셨나니 우리 구주 예수 그리스도로 말미암아 우리에게 그 성령을 풍성히 부어 주사 (딛 3:4-6).

---

[04] Gordon D. Fee, *God's Empowering Presence*, 699-705.

이 구절들에서 쉽게 이해할 수 없는 어떤 부분이 분명히 있을 것이다. 예를 들어, "중생의 씻음과 성령의 새롭게 하심"이라는 구절을 성령께서 새로 구원받은 자의 마음과 심령을 새롭게 하고 중생시키는데 영향을 미치는 내적 정결케 하심으로 이해할 수 있을지라도, 이 안에는 여전히 많은 논쟁거리가 있다.[05]

이런 논쟁에도 불구하고 분명한 사실은 죄와 미움에 구속된 상태에서 남자와 여자를 구원하시는 분은 하나님이시라는 사실이다. 그리고 그리스도 또한 하나님 아버지에게 주어진 동일한 용어인 우리의 "구원자"로 묘사되고 있다는 것을 알아야 한다.

하나님은 죄인을 구원하셨다. 그러나 어느 때도 그리스도를 떠나서 하지 않으셨다. 그리스도를 구원자로 묘사하는 것은 분명히 그의 신성에 대한 내포된 고백이라 할 수 있다. 그리고 성령 또한 신적 존재이다. 왜냐하면 죄인들이 진정으로 회심하도록 그 위에 성령이 임하기 때문이다. 만약 그리스도와 성령이 하나님보다 열등한 존재라면, 이 구절에서

---

[05] James D. G. Dunn, *Baptism in the Holy Spirit. A re-examination of the New Testament Teaching on the Gift of the Spirit in relation to Pentecostalism today* (London: SCM Press Ltd., 1970), 165-170를 참고하라.

처음에 확증한 구원하시는 분은 하나님이라는 말은 무의미하게 된다.

또한 고린도후서 13:13의 축복을 생각해 보라.

> 주 예수 그리스도의 은혜와 하나님의 사랑과 성령의 교통하심이 너희 무리와 함께 있을지어다(고후 13:13).

신약학자인 고든 피(Gordon Fee)는 "이 축복은 바울 서신에서 가장 심오한 신학적 내용을 담고 있다"라고 믿는다.[06]

한편으로는 이 구절이 바울의 구원 교리의 핵심이다. 하나님의 사랑이 구주 예수 그리스도의 고난과 죽음을 통해 그의 백성을 구원하시로 정하셨고 성령을 통해 그 은혜가 적절하게 진행되고 있다.

다른 한편으로, 고든 피는 고린도후서 13:13이 바울의 하나님에 대한 이해를 알 수 있는 통로 역할을 한다고 말한다. 그리스도인의 삶의 가장 기본인 하나님의 은혜는 오직 예수 그리스도 안에서 성령을 통해서만 발견할 수 있다.

바울에게 있어서 의미있는 과정으로서의 하나님과의 진정한 만남은 예수님과 성령을 통해서만 가능하다. 이런 점

---

06 Gordon D. Fee, *God's Empowering Presence*, 363.

에서 바울에게 "그리스도인이 되기 위해서 인간은 반드시 삼위일체적 방법으로 하나님을 이해해야 한다"라는 고든 피의 주장은 옳다고 본다.[07]

2. 그 외의 신약의 증거들

신약성경의 다른 부분에서도 동일한 진리를 찾을 수 있다. 심지어 바울 서신 외에도 "하나님의 구속사적 활동이 하나님 아버지, 구주 예수 그리스도와 성령이라는 삼중 요소에 기인하고 있다는 주장은 모든 곳에서 찾아 볼 수 있다."[08]
다음의 증거들을 살펴보라.

첫째, 베드로전서 1:2

그의 첫 편지에서, 베드로는 소아시아의 각지에 흩어져 있는 하나님의 성도들을 "하나님 아버지의 미리 아심을 따라

---

[07] Ibid., 363-64. 이 외에 생각해 볼 수 있는 바울 서신 구절들은 갈 4:6; 살전 1:2-5; 살후 2:13-14; 엡 2:18; 3:14-17이 있다.

[08] Benjamin B. Warfield, "The Biblical Doctrine of the Trinity" in his *Biblical Doctrine* (1929 ed.; repr. Edinburgh/Carlisle, Pennsylvania: The Banner of Truth Trust, 1988), 160.

성령이 거룩하게 하심으로 순종함과 예수 그리스도의 피 뿌림을 얻기 위하여" 선택을 받은 자로 말하고 있다.

둘째, 유다서 20-21

유다는 그의 짧은 편지에서 그의 독자들에게 무엇보다 성령 안에서 열심을 내어 기도하고 하나님의 사랑 안에서 자신을 지키며 구주 예수 그리스도의 긍휼을 기다리는 것으로 견고히 서서 배교하지 말 것을 격려하고 있다.

셋째, 요한계시록 1:4-5

저자는 삼중적 요소를 통해 "은혜와 평강"을 일곱 교회에 전하고 있다.

① "이제도 계시고 전에도 계셨고 장차 오실 이"는 출애굽기 3:14에 나타난 하나님 아버지를 암시하고 있다.
② "그의 보좌 앞에 있는 일곱 영"은 아마도 성령에 대한 비유적인 암시로 이해할 수 있다.[09]

---

[09] 여기에 언급된 "일곱 영"을 성령을 상징적으로 암시하는 것으로서 생각해 보기 위해서 Richard J. Bauckham의 글이 도움이 될 것이다. Richard J. Bauckham, "The Role of the Spirit in the Apocalypse," *The Evangelical Quarterly*, 52 (1980), 75-77; G. K. Beale, *The Book of Revelatioin*

③ 예수 그리스도다.

특별히 요한복음에는 삼위일체에 대한 많은 언어들이 등장한다.[10] 고별 설교(요 14-16장)에서 예수님은 당신의 제자들에게 "보혜사 곧 아버지께서 내 이름으로 보내실 성령 그가 너희에게 모든 것을 가르치고 내가 너희에게 말한 모든 것을 생각나게 하리라"(요 14:26)고 말씀하신다.

그리고 요한복음의 다른 구절에서는 예수님이 보혜사 성령을 보내는 분이라고 말씀하고 있다(요 15:26; 16:7). 성령은 예수님이 보낸 "다른 보혜사" 또는 지지자라고 볼 수 있다(요 14:16). 오직 성령의 임재를 통해서만 예수님과 하나님 아버지 역시 제자들의 삶에 임재한다(요 14:23).

다른 신약성경 저자들처럼, 요한은 '삼위일체'라는 단어를 쓰지 않았다. "삼위일체"라는 용어는 북 아프리카의 신학자인 터툴리안(Tertullian[A.D. 190-215])이 언급하면서부터 쓰이기 시작했지만, 사실은 삼위일체 믿음에 대한 모든 요소

(Grand Rapids/Cambridge, U.K.: William B. Eerdmans Publ. Co./Carlisle, Cumbria: Paternoster Press, 1999), 189-190.

[10] Millard J. Ericckson은 삼위일체에 대한 요한복음의 가르침의 신뢰성에 대해 탁월한 토론을 제시하고 있다. Millard J. Erickson, *God in Three Persons. A Contemporary Interpretation of the Trinity* (Grand Rapids: Baker Book House, 1995), 194-98.

는 요한복음 안에 이미 존재하고 있다.[11]

3. 마태복음 28:19: 삼위일체의 확증

삼위일체를 배경으로 삼는 신약성경 본문을 찾는다면, 마태복음 28:19에 나오는 세례 공식으로 돌아가야 할 것이다.

> 그러므로 너희는 가서 모든 민족을 제자로 삼아 아버지와 아들과 성령의 이름으로 세례를 베풀고(마 28:19).

벤자민 워필드(Benjamin B. Warfield[1861-1921])가 말한 것처럼, 이 본문은 "우리 주님의 입술로부터 기록된 삼위일체론에 대한 공식적인 선포에 가장 가깝다고 할 수 있다."[12] 이 본문이 하나님에 대해서 우리에게 무엇을 가르치는지에 대해서 다음의 세 가지를 생각해 볼 수 있겠다.

첫째, 삼위 하나님의 동일함을 보여주는 방법으로 서로 관

---

11 D. A. Carson, *The Farewell Discourse and Final Prayer of Jesus. An Exposition of John 14-17* (Grand Rapids: Baker Book House, 1980), 49-50.
12 Warfield, "Biblical Doctrine of the Trinity," 153.

계를 맺고 있는 아버지, 아들, 그리고 성령의 이름을 찾을 수 있다.

삼위 하나님을 평범하게 연결시켜주는 접속사 "그리고"(*kai*)는 이 본문에서 삼위 하나님을 세 분의 동등한 분이며 따라서 신적 주체로 대해야 함을 보여주고 있다. 이는 4세기의 위대한 삼위일체 교리 수호자였던 알렉산드리아의 아타나시우스(Athanasius of Alexandria[299-373])가 관찰한 것을 통해 더욱 분명해졌다. 아타나시우스는 아리우스 논쟁에서 아리우스파가 아주 이상한 논리를 펴며 세례를 "하나님과 피조물"의 이름으로 행하는 것으로 본다고 말하면서 이들의 주장을 반박했다.[13]

둘째, 세례 공식을 "그 아버지와 아들과 성령의 이름"(in the name of the Father, Son and Holy Spirit)이라고 말하지 않은 것은 주목할 필요가 있다.

삼위 하나님 각각 앞에 정관사를 사용하고 있음을 알아야 한다.

---

13 Alvyn Petersen, *Atshanasius* (Ridgefield, Connecticut/Harrisburg, Pennsylvania: Morehouse Publishing, 1995), 186-89을 참고하라.

그 하나님, 그 아들, 그리고 그 성령의 이름으로(in the name of the Father and the Son and the Holy Spirit).

이 공식은 삼위 하나님이 한분이며 동일한 인격으로 정해져 있음을 보여준다고 볼 수 있다.

양태론이라는 이단이 있다. 양태론은 삼위의 다른 하나님들이 하나님의 역사가 다양한 시대에 걸쳐서 일어날 때마다 동일한 인격의 한 하나님이 연속해서 마스크를 쓰고 있는 것이라고 주장한다.[14] 물론 양태론의 주장은 잘못된 것이다. 각각 등장하는 정관사의 용법은 그 아버지, 그 아들, 그리고 그 성령이 실제로 독립된 세 위격임을 증거한다.

세례 공식은 또한 "그 아버지, 그 아들, 그리고 그 성령의 이름들"(in the names of the Father and the Son and the Holy Spirit)이라고 말하지도 않는다. 삼위 하나님의 이름을 단수로(name of the three) 언급했는데, 이는 삼위 하나님의 연합을 분명히

---

[14] 모더니즘과 그 반증에 대한 간략한 토론을 참고하려면 Michael Haykin의 글을 참고하라. Michael Haykin, "Does God Wear masks? Re-examining the Modalism Heresy," *The Evangelical Baptist*, 40, no.4 (February 1993), 16-17. 이 기사는 Michael Haykin의 *Defence of the Truth*(진리의 수호)가 재판되면서 책의 부록에 추가되었다. Michael A. G. Haykin, *Defence of the Truth: Contending for the truth yesterday and today* (Darlington: Evangelical Press, 2004), 125-29.

보여주고 있다.[15]

다른 말로 하면, 이 구절이나 우리가 이미 살펴본 신약성경의 어떤 본문도 사도 교회가 구약성경으로부터 계승한 유일신론을 타협하고 있지 않다.

기독교는 완전히 다른 세 하나님을 믿는 것이 아니다!

오직 한 하나님만 계신다. 따라서 우리는 "아버지와 아들과 성령"의 단수로 표현된 "그 이름"(the name)으로 세례를 받는 것이다.

4. 삼위일체와 기독교 영성

이런 삼위일체 하나님에 대한 모든 것의 함의가 기독교 영성과 어떤 연관이 있을까?

첫째, 기독교 영성에 대한 첫 번째 함의는 하나님에 대해 우리가 생각하는 방식에 있어서 균형을 유지하는 것이다.

과거에는 몇몇 복음주의자들이 삼위 하나님의 다른 위격들을 배제한 채 그리스도에게만 초점을 맞추는 경향이 있었

---

15 Warfield, "Biblical Doctrine of the Trinity," 153-56.

다. 그리고 지난 세기에는 특정 오순절파와 카리스마주의자들이 영적으로 치우쳐서 삼위일체에 대해 매우 건강하지 못한 모습을 보여왔다.

제임스 패커(J. I. Packer)는 "우리의 교리에 있어서 잘못된 균형은 거짓 교리의 시작일 뿐이다"라고 말하며 이들의 잘못된 관점을 정확하게 지적했다.[16] 우리는 각각의 신적 위격들과 우리 삶 가운데 역사하는 삼위 하나님을 소중히 여겨야 한다.

이에 대한 경고로서 웨일스의 여류 시인인 앤 그리피스(Ann Griffiths[1776-1805])가 다음과 같이 고백한 것을 살펴보자.

1979년에 회심한 그녀는 웨일스 칼빈주의 감리교회의 위대한 찬송가 작사가들 중 하나가 되었다. 엘리자베스 이반스(Elizabeth Evans)라는 친구에게 쓴 편지에서 그녀는 다음과 같이 말했다.

> 사랑하는 자매님, 지금 내 마음 속에서 일어나는 일들 중에서 가장 두드러진 것은 성령을 비통하게 하는 것입니

---

[16] J. I. Packer, "The Trinity and the Gospel" in *Celebrating the Saving Work of God. The Collected Shorter Writings of J. I. Packer*. Volume 1 (Carlisle, Cumbria: Paternoster Press, 1998), 7.

다. 이 말이 내 마음에 물밀듯 밀려옵니다.

"너희 몸은 너희가 하나님께로부터 받은 바 너희 가운데 계신 성령의 전인 줄을 알지 못하느냐"(고전 6:19).

그리고 성령의 경이로움에 대한 무엇인가가 내 마음을 관통했습니다.

성령이 어떻게 믿는 자 안에 거하며 사는 것일까?

나는 잠시 생각에 잠겼습니다. 나는 지금껏 한 번도 성령을 비통하게 하는 경건한 두려움을 느껴보지 못했습니다. 이것을 생각해봤을 때, 나는 한 가지 이유, 가장 중요한 이유를 찾을 수 있었습니다.

왜 이처럼 큰 죄가 나에게 그토록 약한 인상을 주고 내 마음에 그렇게 가볍게 느껴졌을까?

그 이유는 그것이 나의 근본이고 성령의 위격에 대한 불경스런 생각들이 내 안에 그토록 컸기 때문입니다.

이것이 삼위일체의 위격에 대해 내가 얼마나 우왕좌왕했는지를 잘 보여줍니다. 나는 너무나 부끄러웠습니다. 그리고 이것의 해로움 때문에 심지어는 어떤 말도 할 수 없었습니다. 나는 아버지와 아들의 위격들이 동일하다고 생각했습니다. 그러나 성령의 위격에 대해서 말하자면, 나는 성령을 하나님 아버지와 그 아들에게 기능적으로 종속된 것으로 생각했습니다.

> 오, 신이며, 모든 곳에 계시며, 모든 것을 알고, 전능자이신 성령에 대해 잘못된 생각을 하고 있었다니!
> 그 분은 태초의 사랑의 대상자들에 대해서 은혜의 약속과 삼위일체의 경륜에 의해 시작하신 선한 일을 이루시는 성령이십니다.
> 오, 삼위 하나님이 한분이 되는 이 놀라운 특권이여![17]

이 편지에서 내가 매우 놀랐던 이유는 어떤 사람들이 신학적 잘못을 대수롭지 않게 여기는 것에 대해서 보여준 그녀의 진실하도록 깊은 감정의 표현이다. 그러나 앤이 삼위일체에 대해서 말할 때, 하나님의 각각의 위격에 정당한 대우를 하지 않는 것은 어쩌면 해로운 정도라고 말할 수 있지만, 최악의 경우는 신성모독에 해당하다고 인식한 것이 옳다.

둘째, "아버지와 아들과 성령의 이름으로" 세례를 받는 것에 의해 그리스도인들은 성경에서 하나님 당신을 아버지와 아들과 성령으로서 보여주는 그 하나님을 믿는 믿음을 확증

---

17 A. M. Allchin, *Songs to Her God: Spirituality of Ann Griffiths* (Cambridge, Massachusetts: Cowley Publications, 1987), 93에 수록된 것으로 일부가 수정되었다.

할 수 있다.

우리가 세례를 받는 것과 마찬가지로 우리는 믿는다.[18] 하나님을 아는 것은 하나님을 삼위일체의 존재로서 아는 것이다.

2001년 9월 11일의 비극적인 사건 이후로 우리는 "하나님"이라는 말이 대중들 가운데서 반복적으로 울려퍼지는 것을 듣게 되었다. 예를 들어, 이 끔찍한 사건이 발생한 뒤 곧바로, 래리 킹(Larry King)이 진행하는 어메리칸토크쇼는 흥미로운 제목으로 진행되었다.

"9월 11일: 하나님은 어디 계신가?"

관심을 끌만한 출연자들이 초대되었다. 샌 디에고로부터 뉴에이지 전문가이며 베스트 셀러 『어떻게 신을 알수 있는가』(How to know God) 의 저자인 디펙 코프라(Deepak Chopra)가 있었다. 보스턴으로부터는 역시 베스트셀러 작가이며, 『선한 사람들에게 불행한 일이 일어날 때』(When Bad Things Happen to Good People)로 잘 알려진 랍비 해롤드 쿠쉬너(Harold Kushner)가 왔다. 로스앤젤레스에 기반을 둔 이슬람 학자이며 무슬림 사회문제 상담 상임고문인 메허 해스아웃(Maher Hathout) 박사도 있었다.

---

18 이와 같은 중요한 통찰력은 Basil of Caesarea에게까지 거슬러 올라갈 수 있다. Basil of Caesarea, *Letter* 125.3.

그리고 마지막으로 두 명의 복음주의 그리스도인이 있었다. 베스트셀러 작가로 『야베스의 기도』(*The Prayer of Jabez*)와 후속작들이 있고 워크 스루 더 바이블 (Walk Through the Bible)의 설립자인 브루스 윌킨슨(Bruce Wilkinson)이 아틀란타로부터 왔다. 그리고 캘리포니아 선 밸리에서 그레이스커뮤니티교회(Grace Community Church) 목사이며 베스트셀러 작가이고 마스터신학교(The Masters College and Seminary) 총장인 존 맥아더(John MacArthur)가 참석했다.[19]

당연히 그 날의 토론 주제로 주어진 하나님에 대해 많은 이야기들이 오갔다. 그러나 윌킨슨과 맥아더만이 참 하나님에 대해서만 말했다. 이 두 사람만이 예수님의 인격과 사역에서 분명히 당신을 드러내시고 성령을 통해서 인간에게 계시를 주신 하나님을 증거했을 뿐이었다. 다른 모든 신은 우상이고 인간의 마음과 머리로 만든 피조물이다.

하나님을 아는 것은 하나님을 삼위일체로 아는 것을 의미한다. 비록 다른 많은 영역에서 그의 주장에 동의할 수는 없지만, 20세기 스위스 신학자 칼 바르트(Karl Barth[1886-1968])가 "삼위일체는 하나님을 위한 기독교의 이

---

19 이 프로그램의 원고를 확인하기 원한다면, 2001년 9월 29일에 방송된 것을 확인하라. www.cnn.com.

름이다"라고 말한 것은 맞는 말이다.[20]

그러나 만약 그리스도인들이 참되시며 살아계신 하나님(the true and living God)을 안다고 생각한다면, 이 말은 우리가 하나님을 철저하게 안다고 말하는 것이 아닐 수 있다. 사실 삼위일체 교리는 우리가 하나님에 대해 얼마나 모르고 있는지를 오히려 잘 보여준다.

얼마나 배웠는지에 상관없이 도대체 어떤 사람이 하나님이 한 분이면서 셋이 될 수 있는지 완전히 이해할 수 있겠는가?

이것은 신비로운 것 중에서 가장 신비로운 것이다.

어떻게 인간의 마음으로 하나님의 하나됨과 삼위를 헤아릴 수 있겠는가?

이와 같은 신비중의 신비는 영어 찬송가의 아버지로 불리는 회중 교회 찬송가 작사가인 아이작 왓츠(Isaac Watts[1674-1748])의 "우리는 영원히 찬양을 드립니다"(We give immortal praise)에 놀랍게 표현되어 있다.

이 찬송가의 첫 세 절은 죄악된 인간의 구원을 보증하기 위해 삼위 하나님이 각각 어떤 역할을 하고 있는지 잘 설명하고 있다. 즉, 구원의 근원에 계신 하나님 아버지의 사랑, 구속을 이루시는 그 아들의 죽음, 그리고 그 아들의 구속을

---

[20] Gordon D. Fee, *God's Empowering Presence*, 363에서 인용.

죄인들의 마음에 적용해서 '위대한 계획을 완성시키는' 성령의 '새로운 창조의 능력'을 잘 표현하고 있다.

계속해서 왓츠는 찬양한다.

> 위대한 하나님, 당신에게
> 끝없는 영광을 돌립니다
> 나뉘지 않는 삼위
> 그리고 신비로운 하나됨
> 모든 능력들을 가지고도
> 이성이 실패한 곳에
> 그곳에 믿음이 널리 퍼지고,
> 사랑이 넘치네.

이 마지막 절은 하나님은 "나뉘지 않는 세 분"이시며 동시에 "신비로운 한 분"이심을 담대히 고백한다. 왓츠에게 어떻게 세 하나님을 한 분이라고 말할 수 있는지는 여전히 신비의 영역이다. 삼위 하나님의 본질적인 연합은 궁극적으로 인간의 이성, 심지어 "모든 능력을 가지고도" 헤아릴 수 없다. 따라서 이런 신비에 대해 올바른 반응은 18세기에 많은 이들이 그렇게 했던 것처럼 삼위일체를 비이성적인 것으로

거부하는 것이 아니었다.[21]

비록 삼위일체를 이해하는 것이 인간의 이해력을 뛰어넘은 것이지만, 삼위일체 교리는 비이성적인 것이 아니다. 삼위일체의 신비에 직면할 때까지만 논리와 인간의 이성은 나아갈 수 있다. 그러나 하나님께 감사하라. 믿음과 사랑은 이성이 갈 수 없는 곳을 갈 수 있도록 한다.

셋째, 우리는 삼위 하나님의 이름으로 세례를 주는 것에는 삼위일체를 믿고 아는 것보다 더 놀라운 것이 있음을 알아야 한다.

"아버지와 아들과 성령의 이름으로" 세례를 받는다는 것은 "삼위일체 하나님께 속한 관계"로 들어감을 의미한다.[22] 우리가 하나님의 소유가 되고 하나님을 위해 살며 하나님을 경배하는 것은 우리가 누릴 수 있는 최고의 기쁨이다. 그리고 이런 방법으로 우리는 아래의 글에서 말하는 것의 실체를 경험할 때 기쁨의 환상을 미리 맛볼 수 있다.

---

21 그러나 아쉽게도 Watts는 인생 말년에 삼위일체에 대한 그의 확신에 약간의 혼돈이 생겼음을 보여줬다. 전체 토론을 확인하기 원한다면, 다음 논문을 참고하라. Arthur Paul Davis, *Isaac Watts: His Life and Works* (Published Ph.D. thesis., Columbia University, 1943), 109-26.
22 G. R. Beasley-Murray, *Baptism in the New Teestament* (Grand Rapids: William B. Eerdmans Publ. Co., 1962), 91.

위대한 삼위 일체의 하나님께

영원히 찬양받으소서

이제로부터 영원히

그의 위대한 통치

영광 중에 보기를 원하나이다

그리고 영원히

사랑과 존귀를![23]

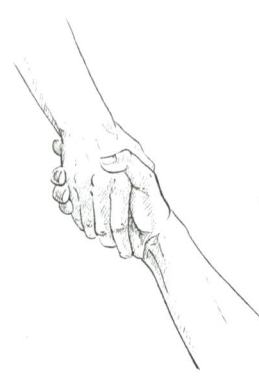

The God Who Draws Near:
An Introduction to the Biblical
Spirituality

---

23 From the hymn "Come, thou Almighty King"(작자 미상).

제2장

하나님을 아는 것과
우리 자신을 아는 것

"만군의 주는 거룩하시다"

디모데전서 1:5에서 다음과 같은 사도 바울의 확신을 살펴볼 수 있다. 바울의 기독교적 가르침과 교리적 지침의 궁극적인 목표는 그의 독자들 마음에 사랑을 불러일으키는 것이다. 즉, 하나님을 사랑하고 자신의 동료인 인간을 사랑하는 것이다. 리차드 러브레이스(Richard Lovelace)도 그의 책 『삶을 새롭게 하기: 영적 성장을 위한 가이드북』(*Renewal as a Way of Life: A Guidebook for Spiritual Growth*)에서 동일한 점을 지적하고 있다.

"진정한 영성의 목표는 자기방종이나 자기개선의 닫혀진 세계에서부터 나와서 하나님과 다른 사람들의 사랑에 몰

두하는 삶이다."⁰¹

1. 하나님, 그 중심

자기중심의 영성은 고대나 근대 문명에 존재하는 이교도 문화의 대표적인 특징이다. 리차드 러브레이스는 또 다시 다음과 같이 말했다.

이교도 문화는 "자기이해와 자아실현을 인간의 핵심 업적으로 여긴다."⁰²

자기이해는 그 말 자체로 잘못된 것은 아니지만, 하나님의

---

01 Lovelace, *Renewal as a Way of Life: A Guidebook for Spiritual Growth* (Downers Grove, Illinois: InterVarsity Press, 1985), 18.

02 Lovelace, *Renewal as a Way of Life*, 18-19. 고전 그리스의 격언에 "너 자신을 알라"라는 말이 있다. 이런 그리스 격언은 전적으로 성경적 관점으로 사용되었다고 할 수 있다. 예를 들어, "Christ the Believer's Wisdom, Righteousness, Sanctification, and Redemption (그리스도 믿는 자의 지혜, 의로움, 성화와 구속)" [*Sermons on Important Subjects* (London: Thomas Tegg, 1833), 502]라는 설교에서 George Whitefield(1714-1770)는 이 격언에서 "true wisdom"(참된 지혜)를 볼 수 있었다. 왜냐하면 이 격언은 사람들로 하여금 자신들의 진정한 실체, 즉 하나님의 심판 아래 놓여있는 죄인이라는 것을 스스로 알도록 이끌었기 때문이다. 엄밀한 의미에서 이 격언은 사람들이 참된 지혜인 예수 그리스도를 볼 수 있도록 가리키고 있다. Whitefield는 고전 1:30 후반절에 근거해서 이렇게 주장하고 있다.

지식의 관점에서 추구되어야 한다. 후자의 관점은 존 칼빈(John Calvin[1509-1564])의 대표작인 『기독교 강요』(*Institutes of the Christian Religion*)의 가장 핵심이 되는 출발점이다. 『기독교 강요』 서론에서 프랑스 종교개혁가 칼빈은 참된 지혜는 하나님을 아는 것과 인간의 자기 이해로 구성되어 있다고 주장하고 있다. 다만, 어떤 것이 우선이고 더욱 근본적인 것인지의 여부가 문제다. 이에 대해 칼빈은 다음과 같이 대답하고 있다.

> 그 둘은 깊고도 불가분하게 뒤섞여 있다. 진실된 자기성찰은 자신의 깊은 한계를 인식하게 만든다. 우리가 누구이고 우리가 가지고 있는 모든 것을 알기 위해서 우리는 하나님에게 전적으로 의존해야한다는 것을 알게 된다.

칼빈의 말을 빌리면, "우리 스스로의 무지, 헛됨, 가난, 약함, 그리고 더 중요한 것은 타락과 부패에 대한 감정을 통해서 지혜의 참 빛, 건전한 도덕, 풍성한 선행, 그리고 정의의 순수함은 오직 주님에게만 달려있다는 것을 알아야 한다."

인간이 거하는 우주의 경계선 안에는 두 종류의 존재가 있다.

첫째, 다른 것에 의존하는 존재가 있다.

이런 존재는 코끼리부터 달팽이, 천사와 사탄으로부터 우주와 태양, 인간으로부터 바이러스에 이르기까지 모든 것을 포함한다.

둘째, 이 모든 것들이 의존하는 한 분(One Being)이 존재한다.

그는 홀로 존재하는 분으로, 위대한 야웨, "나는 스스로 있는 자"(출3:14)라고 모세에게 당신의 이름을 알려주신 분이다. 다른 모든 존재하는 것들은 이 한분으로부터 생겨났다. 그분은 완전히 유일한 분으로, 당신 외의 그 어떤 존재로부터 도움이 필요하지 않는 분이다. 그 분은 신론에서 가르치는 자존성(the Attribute of self-existence), 즉 자신의 존재 속성이라 칭하는 것을 홀로 갖고 계신다. 그리고 크고 작은 모든 피조물에게 생명과 존재의 의미를 부여하실 때, 그 분은 한 분이시며 유일한 창조주로 고백되어야 한다.

우리가 하나님을 알 때, 비로서 우리는 우리 자신을 정확하게 알 수 있다. 1560년 칼빈의 『기독교 강요』 프랑스어 판에는 이 내용을 다음과 같이 적었다.

> 하나님을 알 때, 우리 각자는 또한 자신을 안다.

1559년 『기독교 강요』 증보판에서 칼빈은 다음과 같이 말했다.

"분명한 것은 인간이 우선 하나님의 얼굴을 바라보지 않는다면, 결코 자신에 대한 분명한 지식을 얻을 수 없다."[03]

칼빈이 이와 같이 인간의 경험에 관한 가장 중요하고 기본적인 논쟁을 발전시키면서 인간이 성경에 나타난 살아계신 하나님을 만나야 한다는 것을 논의한 것처럼, 하나님과의 만남은 "깊으면서도 삶을 동요하게 만드는 경험"이라는 점이 분명해졌다.[04] 위대한 하나님 앞에서 인간은 겸손하며 자신을 미완성의 존재로 느끼고 마음의 중심에 있는 자신의 죄악된 본성을 보아야 한다.[05]

그리스도 밖에 있는 우리의 진정한 본질에 대한 성경의 계

---

[03] John Calvin, *Institutes* 1.1.2 (trans. Ford Lewis Battles in his and Joh T. McNeil, eds., *Calvin: Institutes of the Christian Religion. The Library of Christian Classics*, 20; [Philadelphia: Westminster Press, 1960], 37). 1560년 불어 판 첫 문장을 확인하기 원한다면, Battles and McNeil, eds., *Institutes of the Christian Religion*, 36, n.3을 참고하라.

[04] 여기 인용된 단어는 Lovelace: *Renewal as a Way of Life*, 20에서 찾을 수 있다.

[05] *Institutes* 1.1.3. 예를 들어, 다음에 나오는 성경 구절들을 묵상해보라(사 6:1-5; 합 3:1-4, 16; 눅 5:1-5; 그리고 계 1:12-18).

시가 없다면, 그 어떤 곳에도 참된 영성은 없다. 그래서 영성을 찾아 떠나는 여행에 있어서 시작은 우리가 진정으로 누구인지 우리 자신을 아는 것이다.

2. 이사야에 나오는 주님의 거룩

하나님의 거룩과 공의는 신구약 성경의 공통된 주제다. 러브레이스는 다음과 같이 말한다.

> 신구약 성경 모두 하나님의 공의, 자녀들의 죄에 대한 아버지로서의 불만과 당신의 원수들의 반역과 잔인함에 대한 거룩한 분노를 강조하고 있다.... 회개하지 않는 죄인들을 심판하시는 예수님의 계속된 경고들은 한시적인 것이 아니라, 영원히 계속되고 있으며 사랑의 사도인 요한을 비롯해 모든 신약성경 저자들이 끊임없이 말하고 있다. 비록 새 언약이 하나님의 은혜를 강조하고 있지만, 동시에 새 언약은 하나님의 공의에 대한 구약성경의 강조점도 지속적으로 유지하고 있다.[06]

---

[06] Lovelace, *Renewal as a Way of Life*, 24, 25–26.

살아계신 하나님을 만난 사람들이 하나님의 거룩하심에 대해 묘사한 고전적인 표현 중의 하나가 이사야 6:1-5에 등장한다.

> 웃시야 왕이 죽던 해에 내가 본즉 주께서 높이 들린 보좌에 앉으셨는데 그의 옷자락은 성전에 가득하였고 스랍들이 모시고 섰는데 각기 여섯 날개가 있어 그 둘로는 자기의 얼굴을 가리었고 그 둘로는 자기의 발을 가리었고 그 둘로는 날며 서로 불러 이르되 거룩하다 거룩하다 거룩하다 만군의 여호와여 그의 영광이 온 땅에 충만하도다 하더라 이같이 화답하는 자의 소리로 말미암아 문지방의 터가 요동하며 성전에 연기가 충만한지라 그 때에 내가 말하되 화로다 나여 망하게 되었도다 나는 입술이 부정한 사람이요 나는 입술이 부정한 백성 중에 거주하면서 만군의 여호와이신 왕을 뵈었음이로다 하였더라(사 6:1-5).

이 본문에서 하나님은 거룩한 하나님, 통치자 그리고 온 피조물, 특별히 천상의 존재와 온 인류 위에 무소부재하신 분으로 계시되고 있다. 하나님의 선지자인 이사야는 인간의 타락에 대한 하나님의 거룩하심을 계시한 효과를 생생하게 묘사하고 있다. 무엇보다 이사야는 자신이 자신을 죄인으로 인식했는데, 이 말씀에서 그는 입술이 부정한 사람이고 그의 마음이 얼마나 부패했는지를 잘 묘사하고 있다.

이 말씀은 이사야가 어떻게 이런 이상을 보게 되었는지에 대해서는 말하고 있지 않다. 왜냐하면 모든 것이 그가 보고 있는 한 분에게 집중되고 있기 때문이다.

웃시야 왕이 죽던 해에 나는 주님을 보았다.

더 나아가 이사야가 하나님이 어떻게 생겼는지를 묘사하려고 하지 않는다는 점도 주목할 필요가 있다. 그는 단순히 주님이 "높이 들린 보좌에 앉으셨는데 그의 옷자락은 성전에 가득하였"다는 것만 언급하고 있다. 유다의 왕은 죽었지만, 주님은 당신의 보좌에 여전히 좌정하고 계신다. 이처럼 하나님을 그 보좌에 좌정하신 분으로 묘사함으로써 하나님을 왕의 역할을 하는 분으로 설명하고 있다.

서구에 있는 어떤 사람이 "왕"이라는 말을 듣는다면, 그의 머릿 속에는 몇 가지 것들이 떠오를 것이다. 아마도 동화, 왕과 왕비가 많이 등장하는 윌리엄 세익스피어(William Shakespeare)의 희극들, 찰스(Charles)와 다이애나(Diana)의 결혼식이나 다이애나 왕세자비의 장례식에 모여든 왕족들의 사진이 머릿속에 떠오를 것이다.

그러나 이사야와 그의 시대의 사람들에게 왕은 곧 정부를 의미했다. 따라서 주님을 이런 방식으로 묘사하는 것은 하나님은 무소부재하시고 하나님의 어떤 계획과 목적도 결코 실패하지 않을 것임을 강조하는 것이다. 뒤이어 나오는 구절들은 이런 하나님의 권위에 대한 묘사를 더욱 부각시킨다. 하나님은 온 우주 만물 위에 "높임을 받으실 영광의 하나님"이시다.

또한 하나님은 전능의 하나님이실 뿐만 아니라, 무소부재하신 분이다. 이 우주 가운데 그 어떤 곳도 하나님의 영광스런 임재가 미치지 못하는 곳은 없다. 하나님의 얼굴을 볼 수는 없지만, 이사야는 머리를 숙이고 하나님의 옷자락이 하나님이 서 계신 성전에 가득차 있음을 보았다. 그러나 예루살렘에 있는 성전에만 하나님의 임재의 영광이 가득한 것이 아니라, 이 땅에도 하나님의 임재의 영광이 가득했다.

> 스랍들(seraphim)이 서로 불러 이르되, 그의 영광이 온 땅에 충만하도다(사 6:3).[07]

---

[07] 시 19:1에서 이런 생각은 한 걸음 더 깊이 나아간다. "하늘이 하나님의 영광을 선포하고 궁창이 그 손으로 하신 일을 나타내는도다." 우리가 믿어야 할 하나님은 전능한 왕이시고 그의 영광은 그의 온 우주에 가득찼다!

하늘의 왕은 선지자에게 홀로 나타난 것이 아니라, 이 땅의 왕이 정부 관료들에게 둘러싸인 것처럼, 천상의 존재들, 즉 스랍들이 하늘의 왕 주위를 둘러섰다. 다른 구약성경에서는 찾아볼 수 없는 이 스랍들은 하나님에게 끊임없이 찬양하고 봉사를 하는 천상의 존재의 위계질서를 보여준다.

그런데 심지어는 이 하늘의 존재들마저도 그들의 창조주의 얼굴을 감히 볼 수 없었다. 오히려 경외감과 겸손으로 그들은 자신의 얼굴과 발을 가렸다. 이사야는 그들이 하나님의 보좌 위에 서서 언제든 하나님의 명령에 순종할 준비가 되어 있음을 보았다. 이사야는 이들이 서로에게 웅대한 푸가(fugue)로 창조주의 거룩함을 외치는 것을 들었다.

> 거룩하다 거룩하다 거룩하다 만군의 여호와여 그의 영광이 온 땅에 충만하도다(사 6:3).

이 스랍들은 오직 존귀와 찬양을 받으실 분은 오직 하나님이심을 알고 있었다. 왜냐하면 하나님만이 본질적으로 거룩하시기 때문이다. 하나님을 "거룩하다"라고 부르는 것은 우선적으로 모든 창조 영역 위에 초월하는 하나님을 말하는 것이고 하나님이 없이는 한 순간도 존재할 수 없는 피조물로부터 전적으로 독립된 분임을 확증하는 것이다. 리차드 러브레이스는 다음과 같이 말한다.

> 하나님의 거룩은 그의 상이함을 보여준다. 왜냐하면 거룩이라는 말은 '별개의 또는 구별된'을 의미하기 때문이다. 하나님은 모든 피조물과는 다른 분이다.[08]

따라서 여기서 파생된 의미는 이사야 6:5에서 암시하고 있는 것처럼 하나님의 거룩은 하나님의 도덕적 순결함을 의미한다고 볼 수 있다. 이사야에게 임한 이 환상은 이사야를 초토화시키고 그에게 대단한 충격을 가져다 주었다.

> 화로다 나여 망하게 되었도다 나는 입술이 부정한 사람이요 나는 입술이 부정한 백성 중에 거주하면서 만군의 여호와이신 왕을 뵈었음이로다(사 6:5).

말씀은 하나님에 대한 올바른 관점에 근거해야만 사람은 자신의 진정한 가치를 깨달을 수 있음을 보여주고 있다. 이제 주님의 권위와 위대함을 보자마자 모든 인간이 실제로 그

---

[08] Lovelace, *Renewal as a Way of Life*, 21.

런 것처럼, 이사야도 자신의 본 모습을 보았다. 그의 죄악된 마음이 자신의 입술을 부정케 만들었기에, 스랍들이 순수하고 깨끗하고 죄로부터 자유로운 입술로 주님을 찬양할 때, 이사야 자신은 이 찬양의 대열에 참여할 수 없었던 한 인간이었다.

그리고 만약 이사야가 스랍들의 찬양에 참여할 수 없었다면, 그의 부정한 입술이 하나님에 대해서 말하는 것이 얼마나 부적합하겠는가!

이사야 6장의 환상이 전개되면서, 하나님은 또한 당신을 자비의 하나님으로 계시하신다. 왜냐하면 하나님은 예루살렘 제단으로부터 "핀 숯"을 가져와 선지자를 깨끗케 하셨기 때문이다(사 6:6). 그러나 하나님이 새 언약 시대에 그의 백성을 어떻게 깨끗케 하시는지를 살펴보기 전에, 이것이 인간에게 무슨 의미인지 그 핵심되는 진리에 대해 좀 더 고찰해보록 하겠다.[09]

---

09 제4장을 참고하라.

3. 인간의 죄성의 깊이를 아는 것

믿는 자들에게 있는 인간의 죄성을 다루고 있는 성경 본문들 중에서 핵심이 되는 구절들을 사도 바울의 편지에서 찾을 수 있다. 하나님의 섭리를 통해서 살펴볼 수 있는 성경이 존재하는 여러 이유 중 하나는 성경이 인간의 존재의 속성과 그로 인한 결과로 구원의 필요성에 대한 분명한 가르침을 주는 기독교 신학을 제공한다는 점이다.

바울이 인간의 죄성을 묘사하는데 사용하는 여러 용어 중에 하나는 "육체"(sarx)이다. 이 용어의 사용은 바울 서신 전체에서 다양하게 나타나고 있다. 고린도전서 15:39에서, 이 단어는 골격 구조와 구별되는 것으로 물리적 육체(physical flesh) 또는 전신(whole body)의 유의어로 사용된다. 로마서 1:3에서는 육체적 존재의 전부를 의미하는 것으로 사용되고 있다. 갈라디아서 1:16은 이 단어를 "인간"을 의미하는 것으로 사용한다.

그러나 일반적으로 바울은 이 단어를 완전히 부정적으로 함축된 의미로 사용한다. 따라서 바울이 이 단어를 사용할 때, 그것은 인간의 전인격, 즉 몸, 영혼, 마음과 감정이 마치 하나님과 성령의 다스림을 떠나서 독립적으로 스스로 자급

자족하려는 상태를 가리킨다.[10] 후자의 사용에 대한 좋은 예는 갈라디아서 5:16-18에서 찾을 수 있는데, 사도 바울은 이 단어를 사용해서 "육체의 욕심"을 열거하고 있다.

만약 육체가 이처럼 더욱 부정적인 색깔을 띤다면, 도대체 "육체"가 수반하는 것은 무엇일까?

그것은 인간의 본성에 하나님의 성령에 대항하는 것으로 완전히 바꿀 수 없는 무엇인가가 있음을 말한다. 육체는 자기 자신을 지향하도록 되어 있다. 이에 대해 러브레이스는 다음과 같이 말했다.

> 육체는 철저히 자기중심적(self-centered)이다. 그래서 궁극적으로 모든 것을 이기적인 관점으로 보려고 한다. 끊임없이 "나를 위해 무엇이 도움이 될까?"라는 질문을 한다. 자기중심적인 성향은 자기 확신, 자의식, 거드름, 자기방종, 자기연민, 자기의, 자기만족, 자기완성과 같은 많은 기발한 복합체를 만들어 낸다.[11]

---

10 Lovelace, *Renewal as a Way of Life*, 72; Athony Thistleton, "Flesh," in Colin Brown, ed., *The New International Dictionary of New Testament Theology* (Grand Rapids: Zondervan, 1975), I, 680.
11 Lovelace, *Renewal as a Way of Life*, 79.

그래서 바울은 육체와 성령의 관계에서 일어나는 싸움에 대해서 언급하고 있다. 이 싸움에는 중립지대가 없다.

육체가 무엇을 추구하고 있는지 보라.

> 음행과 더러운 것과 호색과 우상 숭배와 주술과 원수 맺는 것과 분쟁과 시기와 분냄과 당 짓는 것과 분열함과 이단과 투기와 술 취함과 방탕함 (갈 5:19-21).

이런 육체의 일은 믿는 자에게 성령이 지시하는 길과 얼마나 다른가?

> 성령의 열매는 사랑과 희락과 화평과 오래 참음과 자비와 양선과 충성과 온유와 절제니(갈 5:22-23).

이 지구상에서 일어나는 그 어떤 전쟁만큼 비참한 이 갈등의 결과는 사람은 자신이 하고 싶은 것을 마음대로 할 수 없는 현실이다. 만약 더 큰 능력에 의해 패하는 것이 아니라면, 인간 안에 내재된 죄는 우리가 바라는 선을 행하는 것으로부터 우리를 멀어지게 한다(갈 5:17). 따라서 이 문제에 대해 바울이 우리에게 제시하는 중요한 해결책은 성령의 임재와 능력이다.

따라서 바울은 "성령을 따라 행하라 그리하면 육체의 욕심을 이루지 아니하리라"(갈 5:16)고 말하고 있다. 이 갈등은 매우 강렬해서 만약 어떤 이가 성령에 전적으로 의지하지 않으면 언제나 죄가 승리하게 되어 있다. 그리고 진실로 그리스도 중심인 성령은 사람들로 하여금 죄의 부패함으로부터 가장 깨끗하고 가장 고귀한 곳이며 죄의 능력에 저항하는 강력한 방법으로서 십자가에서 그 아들의 특별한 희생을 가리키고 있다.[12] 탁월한 청교도 존 오웬(John Owen[1616-1683])은 다음과 같이 말하고 있다.

> 그리스도의 죽음이 없는 죄의 죽음은 없다.... 성령은 유일하게 죄를 없애는 능력인 그리스도의 십자가를 우리의 마음에 데리고 오셨다. 왜냐하면 성령으로 말미암아 우리는 세례를 받고 예수님의 죽으심의 은혜를 입게 되었다.[13]

---

12 이에 대한 더 상세한 내용을 원하면, 다음에 나오는 제4장을 참고하라.
13 *Of the Mortification of Sin in Believers* (*The Works of John Owen* [1850-1853 ed.; repr, Edinburgh/Carlisle, Pennsylvania: The Banner of Truth Trust, 1967], VI, 33, 86).

4. 균형 잡힌 시각

교회사를 통해서 살펴보면, 어떤 그리스도인들은 이런 죄로 인한 갈등을 믿음이나 영성의 부족으로 간주한다. 웨슬리안과 성결교 전통은 특별히 이런 관점을 갖는다. 존 웨슬리(John Wesley[1703-1791])와 그의 부관인 존 플레쳐(John Fletcher[1729-1785])의 신학적 관점 위에 세워진 19세기의 거룩 운동을 통해 많은 그리스도인들이 영향을 받았다. 이들은 "믿는 자들이 죄 없이 완벽한 삶을 살 수 있는 가능성"을 믿었다.

그리고 "이들이 이런 주장을 믿을 수 있었던 이유는 죄를 '이미 알고 있는 율법에 불순종하는 의식적이고 의도적 행동'으로 다시 정의했기 때문이다."[14]

그러나 이런 주장에 담긴 문제의 진실은 너무 다르다. 죄가 없는 절대적인 것을 얻어야 한다고 주장하는 사람들은 우리 존재의 모든 곳에 죄의 독이 침투했다는 사실을 알려고 하지 않는다.

케네스 프라이어(Kenneth Prior)는 적절한 예를 들어 이런 죄된 인간의 상태를 설명하고 있다.

---

14 Lovelace, *Renewal as a Way of Life*, 73-74.

> 죄는 물 잔에 잉크 한 방울이 떨어진 것과 같다. 잉크는 곧 컵 전체에 퍼져나간다. 어쩌면 물은 아주 약하게 푸르스름하게 바뀔지도 모른다. 그러나 어느 정도가 되었더라도 물 잔에 담긴 내용물의 색깔이 어느 정도 달라진 것은 부인할 수 없다.[15]

하나님의 율법을 범한 것으로 인해 죄는 인간에게 두 가지를 필요하도록 만들었다. 죄의 책임으로부터의 자유와 죄의 오염으로부터 깨끗케 되는 것이다.

첫째, 그리스도의 죽음을 통해서만 충족되고 그로 말미암아 우리는 의롭게 될 수 있다(롬 5:1; 8:1-2).
둘째, 성화의 과정을 통해서 완성된다.

믿는 자는 죄의 횡포에 처한 것과 죄의 종이 되는 것으로부터 구원을 받는다(롬 6:17-22). 그러나 죄의 존재가 믿는 자의 삶에서 완전히 없어지는 것이 아니다. 죄는 그 영역을 잃어버릴 수 있지만, 다시 부끄러움을 당케 하고 영적 패배

---

[15] Kenneth Prior, *The Way of Holiness. A Study in Christian Growth* (Rev. ed., Downers Grove, Illinois: InterVarsity Press, 1982), 37.

와 혼란을 믿는 자들의 삶에 불러일으킨다.

스코틀랜드 신학자인 싱클레어 퍼거슨(Sinclair Ferguson)은 이와 같은 지속적인 육체와 죄의 싸움을 묘사하기 위해서 **중독**이라는 이미지를 사용했다.

> 비록 죄에게 중독된 것으로부터 구원을 받는다 할지라도, 죄의 존재는 내 안에 남아있다. 나는 금단증상을 경험하고 내 삶에 처참하게 미치던 죄의 영향에 의해서 약해진 상태가 되었다.[16]

그리고 퍼거슨이 계속해서 언급한 것처럼, 영적 전쟁터에서 믿는 자들의 삶 가운데 구원을 가져다주는 성령의 권능의 임재보다 "[죄로 인한] 이런 갈등을 불러일으키는 것은 성령의 존재 그 자체다."[17] 성화는 회심에서 시작하고 믿는 자의 삶에서 완전히 끝나지 않는 진행 중인 작업이자 지속적인 과정이다. 이 모든 것을 말할 때, 우리는 러브레이스가 다음과 같이 말한 것을 기억해야 할 것이다.

---

[16] Sinclair B. Ferguson, "The Reformed View" in Donald L. Alexander, ed., *Christian Spirituality: Five Views of Sanctification* (Downers Grove, Illinois: InterVarsity Press, 1988), 62.

[17] Ferguson, "Reformed View," 63.

하나님과 동행하는 것은 본질적으로 긍정적인 일이다. 성경은 우리로 하여금 지속적으로 후퇴하라고 하지 않는다. 대신, 성경은 우리로 하여금 그리스도 안에 거하는 특권에 집중하고 하나님과 교제하는 것을 즐기도록 돕는다. 이는 우리가 이미 바울을 통해서 살펴본 강조점이다. "성령 안에서 행하고 육체의 소욕을 이루려고 하지 말라." 만약 우리가 성령과의 교제에 집중하고 성령의 인도하심을 따르면, 우리는 육체의 소욕에 지지 않고 자연스럽게 하나님의 뜻을 이룰 것이다.[18]

5. 청교도의 관점으로부터

지난 세기에는 청교도에 대한 관심이 그 어느 때보다 크게 일어났었다. 이런 관심의 중심에는 존 오웬(John Owen)의 작품들이 있었는데, 그는 당시에 "영국의 칼빈"으로 불렸었다.[19] 제임스 패커(J. I. Packer)는 다음과 같이 말했다.

---

18 Lovelace, *Renewal as a Way of Life*, 78-79.
19 Allen C. Guelzo, "John Owen, Puritan Pacesetter," *Christianity Today*, 20, no. 17 (21 May 1976), 14. Owen에 대해 더 연구하기 원한다면, Michael Haykin의 글을 참고하라. Michael A. G. Haykin, "The Calvin of

> 오웬은 어거스틴(Augustine), 루터(Luther), 칼빈(Calvin), 에드워즈(Edwards), 스펄전(Spurgeon)과 로이드 존스(Lloyd-Jones)와 같은 신앙의 거장들과 어깨를 나란히 한다. 그는 시대를 초월한 영적 거장들 중의 한 명이다.[20]

오웬은 특별히 인간의 마음을 아주 능숙하게 드러냈다. 비록 오늘날은 기술의 발달과 역사적 상황이 청교도의 시대와 매우 다를지라도, 그의 책 『믿는자들의 마음에 뿌리내린 죄의 잔여물들의 속성, 권세, 속임과 유행』(*The Nature, Power, Deceit, and Prevalency of the Remainders of Indwelling Sin in Believers*, 1667)에서 오웬은 인간의 마음은 결코 변하지 않는다고 말하고 있다.[21]

로마서 7:21에 대한 연구를 토대로, 오웬은 죄는 모든 믿는 자들이 반드시 인식해야 하는 것으로 언제나 존재하는 현실이라고 주장했다. 만약 믿는 자들이 기도와 묵상을 통해

England: Some Aspects of the Life of John Owen (1616-1683) and his Teaching on Biblical Piety," *Reformed Baptist Theological Review*, 1, no. 2 (July 2004), 169-183.

[20] "Introduction" to James M. Houston, abr. and ed. *John Owen: Sin & Temptation: The Challenge to Personal Godliness* (Portland, Oregon: Multnomah Press, 1983), xxiv.

[21] *Works of John Owen*, VI, 153-322.

죄에 대항하지 않는다면, 죄는 믿는 자들의 삶 가운데서 하나님의 일들에 대한 열정과 기쁨을 서서히 그리고 아주 분명히 없앨 것이다.

죄에 대한 인식에 대해서 살펴볼 수 있는 오웬의 두 번째 작품은 1650년대의 그의 설교를 수록한 것으로 1658년에 첫 출판된 오웬의 『유혹』(*Of Temptation*)이다.[22] 주로 마태복음 26:4을 주해한 것으로 이 책에서 오웬은 믿는 자들이 죄에 빠지는 모습을 분석하고 있다. 오웬이 제시하고 있는 모든 해결책 중에서 가장 중요한 핵심은 역시 기도다. 이런 점에서 그의 압축된 말은 전형적인 청교도의 색깔을 띤다고 볼 수 있다.

> 만약 우리가 기도에 목숨을 걸지 않으면, 우리는 저주받은 유혹에 빠질 수 밖에 없다.[23]

성화에 대해서 다루는 오웬의 세 번째 작품은 『믿는자들에게 있는 죄의 수치심』(*The Mortification of Sin in Believers*, 1656)인데, 어떤 점에서는 세 작품 중에 가장 손꼽히는 저작이라

---

22 *Works of John Owen*, VI, 87-151.
23 *Works of John Owen*, VI, 126.

고 볼 수 있다.[24] 이 책의 내용은 원래 1650년대 중반에 오웬이 옥스퍼드대학교에서 설교한 것인데, 로마서 8:13을 중심으로 인간의 마음에 거하는 죄와의 싸움과 유혹을 물리치는 전략에 대해서 말하고 있다.

오웬은 죄를 대항해서 싸우기 위해서 성령은 우리 인간의 모든 힘을 사용하신다는 점을 강조한다. 우리의 성황에 대해 오웬은 다음과 같이 주장한다.

> 마치 우리 내면과 외면에서 일어나는 변화에 우리가 적응하는 것처럼 (성령은) 우리 내면과 외면에서 (역사한다). 즉, 우리 자신의 자유와 자발적인 순종을 지키도록 하신다. 성령은 우리의 이해, 의지, 양심과 감정에 영향을 미치는데, 그 고유한 특성에 따라서 영향을 미친다. 성령은 우리 안에서 그리고 우리와 함께 일하시지, 우리를 반대하거나 우리 없이 일하시지 않는다. 그래서 성령의 도움은 그 일을 가능하도록 하는 격려가 되는 것이기 때문에, 어떤 경우라도 성령의 역사를 소홀히 여겨서는 안 된다.[25]

---

[24] *Works of John Owen*, VI, 1-86.
[25] *Works of John Owen*, VI, 20. 또한 J. I. Packer의 주석을 참고하라. J. I. Packer, "'Keswick' and the Reformed Doctrine of Sactification," *The Evangelical Quarterly*, 27 (1955), 156.

또한 오웬은 성화 역시 선물인 것을 아주 분명히 인식하고 있다. 오웬은 성화의 과정은 오직 "성령의 능력에 의해 영향을 받고, 지속되고, 완성된다"라고 말하고 있다.[26] 그래서 『믿는자들의 마음에 뿌리내린 죄의 잔여물들의 속성, 권세, 속임과 유행』에서 오웬은 애정을 기울여 성령을 "영혼을 아름답게 하는 위대한 분"으로 묘사하고 있다.[27]

The God Who Draws Near:
An Introduction to the Biblical
Spirituality

---

[26] *Works of John Owen*, VI, 85.
[27] *Works of John Owen*, VI, 188. 이 부분에 대한 Owen의 가르침을 더 연구하기 원하면, Michael Haykin의 다음 글을 참고하라. Michael A. G. Haykin, "The Great Beautifier of Souls," *The Banner of Truth*, 242 (November 1983), 18-22.

제3장

그리스도 중심의 영성

"성령은 언제나 예수 그리스도와 함께
친밀하게 동행한다"

서론에서 성령에 관한 몇몇 성경 구절들을 살펴보면서 성령의 다양한 역할에 대해서 언급했었다.

그렇다면 성령의 다양한 역할 중에서 성령이 가장 중점을 두고 하는 사역은 무엇일까?

다른 말로 하면, 그리스도인의 삶에서 성령의 역사와 활동의 핵심으로 생각해볼 수 있는 것으로 무엇이 있을까?

1. "그는 나를 영화롭게 할 것이다"

이런 질문들에 대한 한 가지 답은 예수님이 잡히시기 전날 밤에 그의 제자들에게 한 중요한 말을 기록한 요한복음 16:13-14에서 찾아볼 수 있겠다.

> 진리의 성령이 오시면 그가 너희를 모든 진리 가운데로 인도하시리니 그가 스스로 말하지 않고 오직 들은 것을 말하며 장래 일을 너희에게 알리시리라 그가 내 영광을 나타내리니 내 것을 가지고 너희에게 알리시겠음이라(요 16:13-14).

이 말씀 전후에서 예수님이 십자가에서 죽으시고 부활하신 뒤에 하나님 아버지께로 돌아가실 때, 예수님은 당신의 제자들이 홀로 남지 않을 것임을 확신시켜 주셨다. 예수님은 여전히 그들과 함께 하실 것이다. 그러나 인간의 모습으로 함께 하는 것이 아니라, 성령을 통해서 함께 하실 것이다. 따라서 예수님은 오순절 이후에 임할 성령의 역사에 대해 당신의 제자들이 이해할 수 있도록 돕고 있다.

우선, "그가 내 영광을 나타내리니"라는 말에서부터 시작하려고 한다. 제임스 패커는 이 구절을 "성령의 특별한 새 언약의 역할"이라고 불렀는데, 성령은 "자신에게로 향한 모든 관심을 그리스도에게로 이끌고 하나님의 백성들을 그리스도와의 연합으로 여겨지는 믿음과 소망, 사랑, 순종, 경배, 그리고 헌신으로 이끈다"라고 설명했다. 그리스도에 대한 성령의 이런 사역은 패커가 계속해서 부른 "투광 조명등 사역"(Floodlight ministry)이다.[01]

> 1985년 이후부터 나는 거의 매년 캐나다 몬트리올에 있는 퀘벡 복음주의 침례신학교(Séminaire Baptiste Évangélique du Québec, SEMBEQ)에서 강의할 수 있는 기회가 있었다. 이 학교는 몬트리올 서쪽 끝에 위치한 구인(Gouin) 거리에 있으며 프랑스와 연관된 침례교신학교였다.
> 이 학교가 강의실로 사용하고 있는 건물은 예전부터 학교로 사용되었었고, 몬트리올 서쪽의 매우 아름다운 섬에 자리잡고 있다. 지금도 하루 종일 강의를 하던 한 여름 어느 날이 생생하게 기억이 난다. 이 지역의 부유한 주택들의 상당수가 집 주변에 매우 효과적으로 투광 조명등을 설치했는데, 나를 포함해서 이곳을 오가는 사람들이 투광 조명등이 투사하고 있는 돌과 벽돌로 된 그들의 집들을 볼 때마다 그것들이 얼마나 멋있었던지, "오," "우와" 같은 감탄사가 저절로 터져 나왔다.

---

[01] J. I. Packer, *Keep in Step with the Spirit* (Old Tappan, New Jersey: Fleming H. Revell Co., 1984), 64-65. 존더반출판사는 2005년에 이 책의 내용을 조금 수정해서 출판했다.

그런데 만약 그 투명 조광등이 비추고 있는 그 집들에 관심을 쏟기보다 투광 조명등 자체에만 관심을 갖는다면, 마치 "오 무척 흥미롭게 생긴 조명등이네. 어디서 샀을까?" 또는 "너무 아름다운 빛을 내는 투명 조광등이네. 저 투명 조광등은 얼마나 멋질까?" 등등 투명 조광등만 생각하고 있다면, 나는 투광 조명등의 의미와 목적을 완전히 놓치고 있는 것이라고 생각한다. 그 집의 주인은 집 앞에 조명등을 설치했다. 그래서 나는 그 빛을 내는 주체인 조명등이 아니라, 그 빛을 통해서 그 멋진 집을 봐야 하는 것이다.

이것이 성령의 사역이다. 성령은 우리의 관심이 그리스도에게 향하게 하고 그리스도와 그의 목적에 대해 흔들리지 않는 사랑을 우리 마음이 불러일으키고 우리로 하여금 그리스도의 성품을 신실하게 드러내도록 하기 위해 하나님 아버지로부터 보냄을 받았다.

성령은 자신에 대해서 말하기 위해서 오신 것이 아니다. 성령은 우리가 성령과 성령의 역사에 주로 초점을 맞추도록 이 땅에 보냄을 받은 것이 아니다.

성령은 이런 영원한 구조를 세우기 위해 오셨기 때문에 성령의 역사를 통하여 우리는 그리스도를 사랑하고 그를 경외

하며 우리는 그리스도에게 매일 매일의 삶에서 순종하는 삶을 추구해야 한다. 따라서 성령의 역사와 활동을 설명할 때 없어서는 안 되는 중요한 말이 있다.

성령의 사역은 그리스도 중심(Christ-centered)이다. 성령의 사역은 남녀노소의 마음과 생각에 그리스도를 높이고 그를 영화롭게 하도록 계획되어 있다. 19세기 위대한 침례교 설교자인 찰스 해돈 스펄전(CHarles Haddon Spurgeon[1834-1892])은 이에 대해 다음과 같은 말을 했다.

> 만약 우리가 주 예수님을 영화롭게 하지 않으면, 만약 우리가 존중되어야 할 분으로 예수님을 높이지 않으면, 만약 우리가 그 분을 왕중의 왕, 주군들의 주로 인정하려고 애쓰지 않으면, 우리는 성령과 함께 하지 않는 것이다. 미사여구, 음악, 건축, 에너지, 사회적 지위와 같은 모든 것이 헛된 것이다. 만약 우리의 한 가지 소망이 주 예수님을 드높이는 것이 아니라면, 우리는 혼자 일을 하는 것이고 헛된 일을 위하여 수고하는 것이다.[02]

---

[02] *The Greatest Fight in the World* (London: Passmore and Alabaster, 1891), 64.

1884년 7월에 전한 설교에서 스펄전은 성령의 사역에 대해서 더욱 진기하게 말했다.

"성령은 언제나 예수 그리스도와 친밀히 함께 하신다."[03]

2. 신약성경: 그리스도 중심의 책

인간이 구주 예수님을 얼마나 많이 사랑할 수 있을까?

그리스도에 대한 우리 마음의 헌신이 제약을 받을까?

성경의 영감으로 존재하는 신약성경에 대해 분별력 있는 독자라면, 이 두 질문에 "절대로 아니라"고 아주 명쾌히 답할 수 있을 것이다.

신약성경은 처음부터 끝까지 예수 그리스도에 대한 열정적인 헌신으로 가득차 있다. 예수님은 모든 지식과 지혜의 근원으로 소개되고 있고(골 2:3), 우주의 모든 것과 존재하는 모든 것을 지탱하고 계신다(골 1:16-17; 히 1:3). 예수님은 삶의 최고의 이유가 되신다(고후 5:9).

그분의 얼굴을 보는 것으로 사람은 하나님의 놀라운 영광

---

[03] "Receiving the Holy Ghost" (*The Metropolitan Tabernacle Pulpit* [Repr. Pasadena, Texas: Pilgrim Publications, 1973], 29:395).

을 완벽하고 어떤 왜곡됨 없이 볼 수 있다(히 1:3). 예수님은 천사들을 호령하시고(마 24:31), 천사들은 그들의 주인을 잘 알고 그 앞에 경배드리는 것을 두려워하지 않는다(히 1:6). 그분이 바라는 하나님의 성령을 부여하는 놀라운 특권이 예수님에게 속해 있다(행 2:33). 그리고 그의 이름은 매우 귀하다. 왜냐하면 죄인은 세상의 어떤 이름으로도 구원을 받지 못하기 때문이다(행 4:12).

이런 모든 것으로 인해 예수님은 하나님 아버지처럼 동일하게 경배받기 합당한 분이다(계 5장). 따라서 아무리 예수님을 찬양하고 경배해도 부족할 뿐이다. 예수님은 우리 존재의 모든 것을 드려서 헌신하기에 충분히 가치가 있는 분이다. 왜냐하면 예수님은 죄인들을 위해 당신의 목숨을 내놓으신 하나님, 즉 위대한 하나님이시기 때문이다(요 1:1, 14; 롬 9:5; 딛 2:13).

그분을 사랑하지 않는 것과 아무 생각 없이 그 분에게 충성하는 것은 하나님을 모욕하는 것이고 그리스도 중심의 사역을 행하는 성령을 근심케 하는 것이다. 그 아들을 경배하는 것은 아버지의 큰 기쁨이다. 에베소교회에 보낸 그의 위대한 서신서를 마무리할 때, 바울이 "우리 주 예수 그리스도를 변함없이 사랑하는 모든 자에게 은혜가 있을지어다"(엡 6:24)라고 말한 것은 결코 놀라운 일이 아니다.

성경 외에도 19세기 찬송가 "예수님, 놀라운 구세주"(Jesus, Wondrous Saviour)에도 그리스도를 향한 이런 놀라운 사랑이 잘 표현되어 있다. 이 찬송가의 저자는 토론토침례대학교의 총장이었던 맥그레고르(D. A. McGregor[1847-1890])인데, 이 찬송가를 만들 때 그리스도에 대한 헌신으로 그의 가슴이 불타올랐다. 처음과 마지막 구절은 다음과 같은데, 두 번째와 마지막 구절은 골로새서 1:17을 분명히 암시하고 있음을 알아야 한다.

>예수님!
>놀라운 구세주!
>그리스도, 왕중의 왕!
>천사들이 그 앞에 무릎을 꿇고
>엎드려 경배하네
>그들은 주님의 온전하심을 고백하네
>저 하늘 위에서
>우리는 주님의 온전하심을 노래하네
>여기 사랑의 찬송으로.
>
>삶은 죽음이라네
>주님의 뛰는 가슴으로부터 잘려나가면

풍성한 삶이 함께 한 죽음

주님 안에서 터치가 일어나네

세상과 사람과 천사들

모두는 주님 안에 있네

주님이 우리에게 오셨네

겸손한 모습으로.

예수님!

모든 완전함

일어나고 마치는 것이 주님 안에 있네,

하나님의 영광의 찬란함

영원하도록

놀라운 특혜를 받은

그들은 주님의 얼굴을 보네

영광의 구세주

우리는 이 황홀감을 나누네.[04]

---

[04] "Jesus, Wondrous Saviour" in *Memoir of Daniel Arthur McGregor* (2nd ed.; Toronto: Dudley & Burns, 1891), 101−02.

3. 모세-그리스도 중심의 사람

히브리서 11:23-26에 있는 모세에 대한 증언을 생각해보자.

> 믿음으로 모세가 났을 때에 그 부모가 아름다운 아이임을 보고 석 달 동안 숨겨 왕의 명령을 무서워하지 아니하였으며 믿음으로 모세는 장성하여 바로의 공주의 아들이라 칭함 받기를 거절하고 도리어 하나님의 백성과 함께 고난받기를 잠시 죄악의 낙을 누리는 것보다 더 좋아하고 그리스도를 위하여 받는 수모를 애굽의 모든 보화보다 더 큰 재물로 여겼으니 이는 상 주심을 바라봄이라(히 11:23-26).

히브리서 저자는 모세가 태어났을 때 그의 부모가 그를 숨겼고 모세가 예쁜 아기였다는 사실을 제외하고 모세의 어린 시절에 대해 거의 말하지 않고 있다. 출애굽기 1장을 살펴보면, 애굽의 바로는 칙령을 보내서 히브리 산파에게 남자 아이를 낳으면 죽이라고 했다.

바로 왕은 히브리인들이 인구가 너무 많아져서 애굽을 지배하게 될 것을 두려워했다. 모세의 부모 아므람과 요게벳(출 6:20)은 하나님을 두려워하는 믿음의 사람임을 드러냈다(히 11:23). 그래서 그들은 바로의 사악한 명령을 거부하고 모세가 태어났을 때 그를 숨겼다.

그러나 더 이상 모세를 숨겨둘 수 없는 때가 찾아왔다. 그래서 그들은 모세를 "방주"(창세기 노아의 홍수에서 나오는 동일한 단어가 여기 출애굽기에서 동일하게 사용된다), 즉 "역청과 나무진"으로 "칠한 갈대상자"에 넣어(출 2:3) 믿음으로 그를 나일강에 흘려보냈다. 모세의 부모는 이 모든 일을 믿음으로 행했는데, 이는 하나님이 모세를 돌봐주실 것을 신뢰했기 때문이다.

하나님의 섭리 가운데 바로의 딸이 나일강에 내려왔고 그 작은 아이가 물에 떠 있는 것을 봤다. 그녀는 그 아이를 물에서 건져냈고 왕궁으로 데려갔다. 바로의 딸은 그를 양자로 삼고 모세를 자기의 아들로 키웠다.

그 아이를 모세라는 이름으로 부른 이는 바로의 딸이었다(출 2:10). 아마도 모세의 부모 또한 아이를 위해 이름을 지었을 것이다. 그러나 그 이름이 무엇이었는지는 알려지지 않았다. 존 오웬은 히브리서에 대한 그의 방대한 7권의 주석에서 다음과 같이 말하고 있다.

> (모세라는 이름은) 모세가 소망이 없던 때에 그의 구원을 기억하는 의미로 하나님이 모세를 위해 사용하시는 것이다.[05]

---

[05] *An Exposition of the Epistle to the Hebrews* (*The Works of John Owen* [1855

그래서 겸손한 히브리 부모의 아들인 모세는 애굽의 왕위 계승자로서 자랐다. 히브리서 11장이 이에 대해서 말한 것처럼, 모세는 바로의 딸의 아들로 자랐고 애굽의 모든 보화를 가졌다. 다른 말로 하면, 오웬이 기록한 것처럼, "세속적 관심, 권세, 영광, 명예 그리고 애굽 왕족의 부가 모세의 것이었다."[06]

모세가 바로의 궁전에서 자랄 때, 애굽 왕권은 천년이 넘도록 동안 번성했었다. 예를 들어, 600-800년 사이에 많은 피라미드들이 곳곳에 세워졌다. 애굽인들은 그들의 놀라운 부와 세상의 권력에 대해 자랑스럽게 말했다. 바로의 왕국은 애굽 밖으로 너무도 잘 알려져 있었고, 세상의 권세들도 바로 앞에서는 벌벌 떨었다. 바로가 그의 군대에 명령을 내리면 그의 전차와 전사들이 전쟁터로 나가 정복했고 그로 인해 고대 근동 지역의 모든 세력들이 두려움에 떨었다.

모세가 태어나기 천년 전에 애굽은 몇몇 거대 왕조가 흥망성쇠를 반복했다. 그리고 모세의 때에 애굽은 다시 부유함과 번영과 권세를 누리고 있었다. 예를 들어, 출애굽 사건이

---

　　ed.; repr. Edinburgh/Carlisle, Pennsylvania: The Banner of Truth Trust, 1991], XXIII, 145).
[06] *Hebrews* (*Works of John Owen*, XXIII, 145).

일어나기 몇 년 전인 주전 1473-1458년 사이에 대략 15년 동안 애굽을 다스린 여왕 해트세프수트(Hatshepsut)는 애굽에 놀라운 부와 번영을 가져왔다.[07]

예를 들어, 토론토 로열온타리오박물관(Royal Ontario Museum)에 모자이크가 하나 있는데, 이는 해트세프수트 왕비가 오늘날 소말리아 지역에서 아이보리, 황금, 값비싼 향로를 애굽으로 가져왔던 놀라운 무역 거래를 잘 보여주고 있다.[08]

실제로 애굽은 황금으로 유명하다. 예를 들어, 1927년에 투탕카멘(Tutankhamun[주전 1327년 사망])의 무덤이 발견되었을 때, 무덤의 내부 가구와 미이라의 마스크, 관, 보석 장신구에 사용된 수천 파운드의 금이 함께 발견되었다. 더군다

---

[07] 최근의 한 연구는 출애굽은 B.C. 1446년에 일어났다고 발표했다. Lennart Möller의 책을 참고하라. Lennart Möller, *The Exodus Case*, trans. Margaret Bäckman (Copenhagen: Scandinavia Publishing House, 2002), 196-202. 출애굽 연대에 대한 전체 논의를 살펴보길 원하면, R.K.Harrison의 글을 참고하라. R. K. Harrison, *Introduction to the Old Testament* (Grand Rapids: William B. Eerdmans, 1969), 174-77, 315-25.

[08] Hatshepsut 왕비의 생애를 살펴보려면, Joyce Tyldesley의 책을 참고하라. Joyce Tyldesley, *Hatchepsut: The Female Pharaoh* (London: Viking, 1996). Hatshepsut 왕비의 통치 연대에 대해서 살펴보려면, Ian Shaw와 Paul Nicholson의 책을 참고하라. Ian Shaw and Paul Nicholson, *The Dictionary of Ancient Egypt* (Rev. ed.; New York: Harry N. Abrams, Inc., 2003), 120-21, 311.

나 그의 관 안에만 삼천 파운드가 넘는 황금이 사용되었다.[09]

따라서 애굽 왕족에서 자란 모세가 누릴 수 있는 즐거움은 실로 상상을 초월하는 놀라운 정도라도 충분히 생각해 볼 수 있다. 전승에 의하면, 바로의 궁전은 거창하고 화려했다고 한다. 바로는 살아있는 신으로 여겨졌기에 그의 궁전은 그의 찬란함을 보여줘야 했다. 호화로운 파티와 사람이 바랄 수 있는 모든 것이 그 곳에 있었다.

히브리서 11:25은 이런 모든 것을 잠시 잠깐의 "즐거움"으로 언급하고 있다. 사도행전 7:22에 보면, 모세는 또한 그가 바랄 수 있는 모든 지적인 즐거움을 가지고 있다고 말한다.

모세가 애굽 사람의 모든 지혜를 배워(행 7:22).

그러나 모세는 이 모든 것을 버렸다. 이것을 보여주기 위해 히브리서 11:24에 사용된 동사 "거절하고"(ernesato)는 특별히 강한 의미를 갖고 있다. 예를 들어, 이 동사는 마태복음 10:33에서 다른 사람들 앞에서 그리스도를 부정하는데 사용되었고, 요한일서 2:22에서는 하나님 아버지와 아들을

---

[09] Jacquetta Hawkes, *The First Great Civilizations* (London: Hutchinson & Co., 1973), 367.

부정하는 적그리스도를 묘사하는데 사용되었다. 그의 모든 권리, 애굽의 왕자로서 누릴 수 있었던 모든 즐거움, 모든 부와 권력, 모든 지위, 모세는 이 모든 것을 버렸다.

그런데 십대 후반이나 이십대 후반이 되었을 때, 즉 어쩌면 젊기에 이런 일을 쉽게 포기할 만한 나이에 모세가 그렇게 한 것이 아니었다. 모세가 이 모든 것을 포기한 것은 그가 삼십대 후반이나 사십이 가까운 성숙한 남자였을 때, 이렇게 했다. 존 오웬의 말을 빌리면, 이 정도의 나이에 권력과 부, 지위와 같은 일들은 "인간의 마음에 뿌리칠 수 없는 커다란 유혹을 준다"라고 말하고 있다.[10]

그런데 왜 모세는 이 모든 것을 버리는 일을 했을까?

글쎄, 이 질문에 대한 답으로 우선 생각해 볼 수 있는 것은 모세가 "믿음으로 모세는 장성하여 바로의 공주의 아들이라 칭함 받기를 거절"했다는 점이다(히 11:24). 믿음의 영웅들을 소개하는 히브리서 11장의 서두인 1절은 믿음을 다음과 같이 말하고 있다.

> 믿음은 바라는 것들의 실상이요 보이지 않는 것들의 증거니(히 11:1).

---

[10] *Hebrews* (*Works of John Owen*, XXIII, 147).

모세에게 애굽 궁전의 쾌락을 영원히 뒤로하고 떠날 수 있도록 힘을 줬던 것은 하나님을 믿는 믿음이었다.

물론 그런 즐거움의 대부분이 그 자체로 잘못된 것이라고 볼 수는 없다.

왜냐하면 하나님이 인간에게 모든 것을 풍족하게 주셔서 즐기도록 하시지 않는가?(딤전 6:17)

그러나 하나님이 주신 이런 즐거움이 하나님과 사람 사이에 있게 될 때 죄가 될 수 있다. 이런 즐거움과 쾌락이 사람으로 하여금 하나님을 전심으로 따르지 못하도록 할 때, 이런 것들은 죄가 된다. 더 나아가 이런 즐거움 중 어떤 것도 모세의 마음에 소중할 정도의 가치가 되는 것은 없었다. 그것들 중 어떤 것도, 심지어 아무리 좋은 것이라 할지라도, 모세의 삶의 궁극적인 목적과 야망이 될만한 가치는 없었다.

이 점에 있어서는 우리도 동일하다!

믿음으로 인하여 모세는 두 가지 사실을 매우 분명히 볼 수 있었다.

첫째, 믿음으로 말미암아 모세는 이스라엘 백성들이 (존 오웬의 말을 빌리면, 이스라엘 백성들은 성공한 백성들이 아니라, 나약한 노예들, 벽돌을 만드는 무리들이다)[11] 살아계신 하나님의 백성인 것을 알았다.

사람들은 언제나 화려한 것, 즉 부유하고 유명하며 권세잡기를 바란다. 그러나 그들의 잘못과 문제가 무엇이든, 그리고 그들의 실패와 죄가 무엇이든지 상관없이, 존 오웬에 의하면, 하나님의 백성은 "세상의 그 어떤 계층들보다 수만 배나 더 고귀하다."[12]

우리가 속한 교회에 대해서 불평하려는 유혹을 받을 때, 우리는 교회가 무엇인가를 기억해야 한다. 교회는 하나님의 백성이다. 다른 말로 하면, 하나님의 백성을 사랑하지 않고 하나님의 백성을 모든 계층 중에 최고로 존경하지 않으면 하나님을 사랑할 수 없다. 사도 요한은 요한일서 3:14에서 다음과 같이 말하고 있다.

> 우리는 형제를 사랑함으로 사망에서 옮겨 생명으로 들어간 줄을 알거니와(요일 3:14).

둘째, 그래서 모세는 하나님의 백성과 함께 고난 받는 것을

---

11 *Hebrews* (*Works of John Owen*, XXIII, 148).
12 *Hebrews* (*Works of John Owen*, XXIII, 149).

선택했다.

그는 바로의 궁전의 모든 특권과 권세를 하나님의 백성들과 고통을 받기 위해 포기했다. 그리고 더 나아가 모세의 행동의 본질에 좀 더 접근해야 할 필요성이 있다.

히브리서 11:26을 읽어보라.

> 그리스도를 위하여 받는 수모를 애굽의 모든 보화보다 더 큰 재물로 여겼으니 이는 상 주심을 바라봄이라(히 11:26).

우선, 그 본문이 무엇을 말하고 있지 않는지를 알아야 한다. 이 본문은 "모세가 그리스도를 애굽의 보화보다 더 큰 것으로 여겼다"라고 말하지 않는다. 오히려, 모세는 "그리스도를 위하여 받는 수모를 애굽의 모든 보화보다 더 큰 재물로 여겼다"라고 말한다. 모세가 그의 마음에 애굽 궁전의 보물들과 그리스도를 위해 받는 고난을 비교했다면, 그리스도를 위해 받는 고난을 더 큰 보물로 자부했다는 말이다.

이 본문이 기록된 상황을 이해하려면, 이 점을 더욱 부각시킬 필요가 있다. 히브리서의 수신자들 중에는 고난으로 인해 그들의 주님을 전심으로 따르려는 삶을 포기하려는 사람들이 있었다(히 10:32-39을 보라).

그들이 그리스도를 부끄러워하지 않도록 하기 위해, 히브리서의 저자는 그들이 모세와 비슷한 상황에 처해있다는 사실과 그리스도를 위한 모세의 사랑을 따라야 할 필요가 있음을 상기시키고 있다.

그러나, 어떤 사람들은 이 단어들을 보고, "모세가 이런 선택을 했을 때, 그리스도는 아직 오시지 않았다. 모세는 예수님이 태어나시기 1500년 전에 살았다"라고 스스로 생각하는 사람들이 있다. 그러나 모세가 다가올 역사의 길을 내려다보며 고통당하던 "벽돌 제조자들"로부터, 앞으로 오실 메시야, 즉 그리스도를 볼 수 있도록 한 것은 바로 믿음이었다.

모세가 하나님의 백성들과 운명을 함께 하고 그들의 고통에 동참하기로 한 것은 그리스도를 바라는 믿음으로부터 나온 행동이었다. 그것은 그의 마음이 온 우주에 있는 소중한 보물 중에 가장 위대한 보물인 한분, 예수 그리스도를 소망하고자하는 열정으로 타올랐기 때문이다.

모세는 예수님으로 인해 애굽의 모든 보물을 포기하기를 주저하지 않았다. 15세기가 지난 뒤에 변화산에서 모세는 자신의 모든 것을 포기할 수 있도록 한 그 분의 얼굴을 바라보며 자신의 판단이 옳았음을 알았다(막 9:2-8).

신약의 참된 영성은 바로 모세가 구약에서 보여준 특징으로 예표된다. 참된 영성은 그리스도를 향한 끊임없는 사랑과 그리스도가 영화롭게 되는 것을 보고자 하는 멈출 수 없는 소망에 근거한다. 우리가 첫 장에서 살펴본 앤 그리피스(Ann Griffiths)의 이 찬송가가 이와 같은 신약의 절대적인 영성을 다음과 같이 아름답게 표현하고 있다.[13]

> 나의 날들이 온전히 주어지게 하소서
> 예수님의 보혈이 영광받기를
> 그의 날개 아래 평안히 쉬게 하소서
> 그의 발아래 살고 죽기를
> 십자가를 사랑하고 그것을 매일 지며
> (이것이 내 남편이 지고 간 십자가이다)
> 기쁨으로 그의 성품을 바라보라
> 그리고 끊임없이 흠모하라.[14]

---

13 Ann Griffiths의 문학작품과 그녀의 글, 생애와 영성에 대한 연구에 훌륭하게 기여한 인터넷 주소는 다음과 같다. E. Wyn James, ed., "Ann Griffiths Website" (www.anngriffiths.cfac.uk).
14 A. M. Allchin, *Songs to Her God. Spirituality of Ann Griffiths* (Cambridge, Massachusetts: Cowley Publications, 1987), 113에서 인용.

제4장

십자가 중심의 영성

"뜨겁게 타오르는 곳"

영국 문학작품 중에서 가장 감동적인 이야기 중의 하나는 1970년대 프랑스 혁명을 배경으로 씌여진 찰스 디킨스(Charles Dickens)의 『두 도시 이야기』(*A Tale of Two Cities*)라고 생각한다. 이 이야기의 주인공이자 영국 변호사인 시드니 카튼(Sydney Carton)은 프랑스 망명자의 딸인 루시 마네트(Luice Manette)를 흠모한다.

그러나 이야기가 흘러가면서 루시는 프랑스 귀족의 조카인 찰스 다네이(Charles Danay)라 부르는 사람과 결혼을 하는데, 이 사람은 프랑스에서 일어난 테러를 피해 영국으로 피난해 온 사람이었다. 프랑스로 다시 돌아가는 길에서 다네이는 프랑스 혁명가들에게 체포되고 단두대에서 사형을 선

고받았다. 외모에서 다네이와 꼭 빼닮은 카튼은 다네이가 처형되기 바로 전날에 그를 감옥으로 빼낼 계획을 세웠다. 그리고 다네이는 영국에 있는 그의 아내 루시와 그의 새 집으로 돌아갔다. 그 사이에 카튼은 자신을 다네이로 위장하고 그의 자리를 지키다가 그 다음날 처형을 당하는 곳으로 끌려나갔다. 그가 교수대에 섰을 때, 카튼은 그가 한 일에 대해서 곰곰이 생각했다.

> 내 생명을 바침으로 인해 나는 더 이상 볼 수 없는 영국에서 평화롭고 의미있고 영화롭고 행복하게 살고 있는 그들을 떠올려본다.... 이 죽음은 지금까지 내가 한 그 어떤 것보다 훨씬 더 좋은 것이다. 내가 아는 것보다 훨씬 더 좋은 쉼으로 나는 가고 있다.[01]

다네이와 루시를 위해 그의 생명을 희생한 카튼의 죽음은 의심할 바 없이 매우 영웅적인 행동이고 이타적인 사랑을 가장 잘 보여준다. 교회 역사를 살펴보면, 그리스도의 죽음을

---

[01] 십자가의 관점에서 이 이야기를 다루는 다른 주석을 살펴보려면, Paul Zahl의 책을 참고하라. Paul F. M. Zahl, *Who Will Deliver Us? The Present Power of the Death of Christ* (New York: The Seabury Press, 1983), 29-30.

이렇게 이해하려는 시도들이 있어왔다. 그들은 그리스도의 죽음이 영웅적인 행동이고 순교자의 죽음과 유사하다고 여기곤 했다.

1. 모델로서 그리스도의 죽음

빌립보서 2:5-8과 베드로전서 2:21-24처럼, 신약의 저자들은 성경 구절을 통해서 고통과 핍박을 극복하는 방법으로 십자가를 그 모델로 제시하려는 노력을 보여주고 있다. 베드로전서에서 보면, 예수 그리스도는 십자가 위에서 모든 고난을 감당하시는 모습을 통해서 그의 추종자들에게 고통을 인내하는 모델로 자신을 보여주고 있다. 예수 그리스도는 그를 믿는 모든 사람이 동일한 패턴을 따르며 고난과 어려운 상황에서 그들이 어떻게 행동해야 하는지 친히 보여주셨다.

19세기 말과 20세기 초에 성경에서 초자연적인 모든 흔적들을 없애려고 했던 자유주의 신학자들은 그리스도의 죽음을 이타적인 사랑의 최고의 모델로 자주 말하곤 했다. 이것에 대한 좋은 예가 1920년대에 매우 큰 논란이 되었던 캐나다 온타리오(Ontario)의 맥마스터대학교(McMaster University)에서 강의했던 로렌스 마샬(Laurence. H. Marshall[1882-1953])의 주장이었다.[02] 마샬은 그리스도의 십자가형을 신적 사랑의 최고의 표현으로 여겼다.

> 그러나 당신 백성의 죄를 위해 대신 당하는 고난으로 보지는 않았다.[03]
> 따라서 그리스도의 죽음은 순교자의 죽음과 동일한 것으로 여겨졌다.[04]

---

[02] Laurance Henry Marshall의 생애와 경력에 대한 전체적인 개요를 원하면, Henry Bonser의 글을 참고하라. Henry Bonser, "A Memoir of the Author: Laurance Henry Marshall 1882-1953" in *L. H. Marshall, Rivals of the Christian Faith* (London: Carey Kingsgate Press, 1954), 1-15. 그의 신학적 확신에 대한 더욱 분명한 명제를 확인하려면, Laurance Henry Marshall의 글을 참고하라. Marshalls "Religious Controversy in Canada," *The Fraternal and Remembrancer*, N.S., 1 (January 1931), 6-11. 그의 신학적 견해를 알기 위해서 Barry Smith 역시 참고할만하다. Barry D. Smith, "Was Laurence H. Marshall really a Modernist?" (Unpublished typescript ms., n.d., in the possession of the author).

[03] Cp. Marshall, "Religious Controversy in Canada," 10.

[04] 순교자의 죽음으로서 그리스도의 죽음을 묘사한 Marshall의 대화에 대한 보고는 W. J. H. Brown의 글에서 살펴볼 수 있다. W. J. H. Brown, ["Modernism"] (Unpublished MS.W. Gordon Brown Papers, McMaster Divinity College Archives, McMater University, Ontario), [14].
이런 관점은 복음주의 그룹 가운데 다시 등장하고 있다는 것을 알아야 한다. 예를 들어, 2004년 10월에 영국 웨스트민스터에 있는 임마누엘복음주의교회에서 복음주의연합 주체로 공개 모임이 있었는데, 영국 복음주의 그룹의 뛰어난 인물인 Steve Chalke는 "형벌적 대속론"(Penal substitu-

이 주제에 대한 마샬의 가르침에 주로 반대하던 인물이 바로 토론토 얄비스스트리트침례교회 복음주의 목사인 티 쉴즈(T. T. Shields[1873-1955])였다.[05]

쉴즈는 마샬의 가르침에 대해 맥마스터대학교 경영자들과 논쟁을 한 2년 뒤에, 새로운 신학교인 토론토침례신학교(Tronto Baptist Seminary)를 세우기로 결심했다. "뉴헴프셔의 믿음의 고백"(New Hampshire Confession of Faith, 1833)을 새로

---

tion) 교리에 대한 과도한 공격"으로 묘사된 것이 무엇인지에 대해서 발표를 했다. 그는 "과도한 영아 학대," "왜곡," "단순화," 그리고 "윤리적 약함!"과 같이 이런 생생한 복음주의 교리들을 지칭하는 어떤 단어도 사용하지 않았다. Chalke는 이런 성경적 진리가 "폭력이 구속 (redemptive)이 될 수 있다는 신화"를 영구화시킨다고 주장했다. Jonathan Stephen이 올바로 말한 것처럼, Chalke의 견해는 단순히 고전적 자유주의다("Chalkegate," *Affinity magazine* [Autumn 2004], 4-5).

[05] T. T. Shidls의 삶과 사역에 대해 더 자세한 정보는 특별히 Arnold Dallimore의 글을 참고하라. Arnold Dallimore, "T. T. Shidls," *Reformation Today*, 86 (July-August 1985), 7-10; idem, "Thomas Todhunter Shields: Baptist Fundamentalist" (Unpublished MS., n.d.; copy in the author's possession); G.A. Rawlyk, "A. L. McCrimmon, H. P. Whidden, T. T. Shields, Christian Education, and McMaster University" in his ed., *Canadian Baptists and Christian Higher Education* (Kingston/Montreal: McGill-Queen's University Press, 1988), 31-62; Leslie K. Tarr, *Shields of Canada. T. T. Shields* (1873-1955) (Grand Rapids: Baker Book House, 1967); idem, "Another Perspective on T. T. Shields and Fundamentalism" in Jarold K. Zeman, ed., *Baptists in Canada: Search for Identity Amidst Diversity* (Burlington, Ontario: G. R. Welch Co., Ltd., 1980), 209-24; idem, "T. T. Shields: A Soldier in the Field," *Fundamental Journal*, 2, no.6 (June 1983), 42-44.

운 신학교의 믿음의 성명서로 취하면서, 쉴즈는 그리스도의 죽음에 대해 다음과 같이 주장했다.

> 그의 죽음으로 말미암아 그리스도는 우리의 죄를 위한 완전한 속죄의 보상을 이루셨다.... 이는 그리스도의 죽음을 순교자의 모델로 만드는 것으로 이뤄지는 것이 아니라, 그리스도가 자발적으로 죄인의 자리에 앉으셔서 하나님의 거룩한 율법의 징벌을 지고 불의한 사람들을 위해 죽어가는 의인인 그리스도, 구주, 그 나무에서 자신의 몸으로 우리의 죄를 짊어지신 것이다...[06]

이 성명서의 마지막 구절은 베드로전서 3:18과 베드로전서 2:24에서 빌려온 것인데, 이는 예수 그리스도의 죽음은 역사나 문학작품에 나오는 영웅적인 죽음들과 다르다는 것을 분명히 보여주고 있다.

---

[06] "Our Doctrinal Statement: Of the Atonement for Sin" in *Toronto Baptist Seminary and Bible College 2005/2006 Prospectus* (Toronto: Toronto Baptist Seminary and Bible College, 2005), 14.

2. 구원자의 순결함

베드로전서 3:18을 좀 더 자세히 살펴보도록 하겠다. 우선, 이 말씀에서 베드로는 "그리스도께서 단번에 죄를 위해 고난을 당하셨다"라고 말하고 있다.[07]

누구의 죄인가?

분명히 그리스도의 죄는 아니다. 왜냐하면 성경은 분명하게 그리스도는 결코 죄를 짓지 않은 분이라고 주장하고 있기 때문이다.

사복음서(the Four Gospels)에 기록된 것처럼 그리스도의 삶을 살펴보면, "봐라. 이것이 예수님의 죄다"라고 말할 만한 것을 찾을 수 없다. 우리는 결코 예수님이 하나님이나 사람에게 죄를 용서해달라고 부탁하신 것을 들어보지 못했다.

요한복음 8:46에서 예수님은 "너희 중에 누가 나를 죄로 책잡겠느냐"라며 날카롭게 말씀하셨다. 이 질문은 전적으로 죄에 대해 깨끗하시며 하나님 아버지와 전적으로 떨어질 수

---

[07] '아페타넨'(*apethanen*)에 반대하는 것으로 '에파텐'(*epathen*)이라고 읽는 것에 대해서 다음의 글을 참고하라. Francis Wright Beare, *The First Epistle of Peter* (Oxford: Basil Blackwell, 1961), 141; Peter H. Davids, *The First Epistle of Peter* (Grand Rapids: William B. Eerdmans Publ. Co., 1990), 135, n.17; J. Ramsey Michaels, *1 Peter* (Waco, Texas: Word Books, 1988), 195.

없는 관계를 보여주는 것이다. 고난에 이르는 순간까지, 그리스도는 비슷한 선언을 해오셨다.

> 이 세상의 임금이 오겠음이라 그러나 그는 내게 관계할 것이 없으니(요 14:3).

사탄은 그리스도에 대해 어떤 것으로도 책잡지 못한다. 왜냐하면 그리스도는 결코 죄를 짓지 않으셨기 때문이다.

다시 한 번 십자가에서 회개한 죄인의 증언을 들어보라(눅 23:33-41).

이 사람은 자신은 자기 죄의 대가로 정당한 벌을 받는 것이라고 생각했다.

그러나 그리스도는 "옳지 않은 것이 없느니라"(41절)고 말했다. 그는 예수 그리스도가 완전히 죄가 없으시다고 인식했다.[08]

또한 고린도후서 5:20-21을 묵상해보자.

그리스도는 "죄를 알지도 못하신"(21절) 분이었다. 헬라어

---

[08] 더 자세한 내용을 다음을 참고하라. Kenneth Grayston, *Dying We Live. A New Enquiry into the Death of Christ in the New Testament* (New York/Oxford: Oxford University Press, 1990), 249, 374-75.

는 고전 헬라어와 코이네 헬라어가 있는데, 후자가 신약성경의 언어다. 코이네 헬라어에서 "안다"라는 의미로 번역되는 동사가 두 개 있다.

하나는 '오이다'(oida)로 일반적으로 지식의 소유를 의미하는 것으로서 완전하며 전체적인 지식을 묘사하는데 쓰인다.

다른 동사는 '기노스코'(ginōskō)인데, 이는 지식의 획득을 묘사하고 불완전하고 발전하는 과정에 있는 지식을 묘사하는데 쓰인다.

사도 바울은 언제나 이 두 동사 사이에 분명한 경계를 두지 않지만, '오이다'(oida)를 사용한 103번 중에 90번은 그의 생각 속에 그 경계가 분명히 구별되어 나타난다. 그리고 '기노스코'(ginōskō)를 사용한 것은 50번인데, 그 중 32번이 이 동사의 차별된 의미를 드러내고 있다.

고린도후서 5:21에서, 바울은 구별된 의미로서 후자의 동사(ginōskō)를 사용했다. 다시 말하면, 그리스도가 죄를 지을 만한 명백한 행동으로 인간의 죄성에 대한 지식을 얻거나 획득하지 않았다는 말이다. 죄는 예수님의 삶과 마음에는 완전히 이방인과 같은 존재였다.

우리와는 얼마나 다른가!

우리에게 죄는 우리가 항상 알고 있는 것이다. 단 하루도 우리의 삶에서 죄와 함께 드러나지 않는 날이 없다. 우리 모두는 죄를 즐기고 있으며 우리 마음과 삶의 가장 은밀한 시간에 죄를 환영하고 있다는 것을 되돌아보며 기억할 수 있다.

그러나 그리스도는 아니다!

그분은 "죄를 모르시는 분이다."

더 나아가서 예수님의 죄없음은 그리스도가 죄의 존재에 의해서 구부러지고 왜곡된 본성을 가지고 있지 않음을 의미한다는 점을 분명히 해야 한다. 그리스도 안에는 어떤 내재된 죄도 없다.

베드로전서 1:19은 그리스도는 "흠 없고 점 없는," 즉 어떤 죄로부터 자유로운 분임을 분명히 보여주고 있다.

요한일서 3:5은 "그에게는 죄가 없느니라"고 주장한다.

히브리서 7:26은 그리스도를 "거룩하고 악이 없고 더러움이 없고 죄인에게서 떠나" 계신 분으로 묘사하고 있다. 다른 말로 하면, 그리스도는 죄와 연결된 어떤 내재된 충동이나 욕망을 가지고 있지 않다. 그분은 언제나 하나님의 뜻과 거룩함을 기뻐하셨다. 이는 예수님이 요한복음 4:34에서 말씀하신 것과 같다.

> 나의 양식은 나를 보내신 이의 뜻을 행하며 그의 일을 온전히 이루는 이것이니라(요 4:34).

따라서 성경은 성육신하신 그리스도 안에 죄된 생각이나 행동이 존재하는 것을 부인할 뿐만 아니라, 헨리 리돈(Henry P. Liddon[1829-1890])의 말에서 볼 수 있듯이, 그리스도 안에는 "죄의 어떤 궁극적인 본질과 원인 또는 잠복되어 있는 죄로 향하려는 어떤 성향이나 의도"도 없다고 가르친다. 따라서 모든 남자와 여자는 그 안에 죄로 향하려는 성향에 의해서 죄의 유혹을 받는다는 야고보서 1:14-15을 그리스도에게 적용할 수 없다.

죄로 우리를 이끌고 가는 것은 우리의 욕심이다. 그러나 그리스도는 이 점에 있어서 완전히 흠이 없으신 분이다. 그리스도가 죄된 성향이 있다고 말하는 것은 그리스도 자신도 구주가 필요하다는 말과 같다. 다시 말하지만, 그리스도는 결코 죄를 짓지 않았다.

그렇다면 그리스도가 받은 유혹은 무엇인가?

그것이 실제로 있는가?

우리는 복음서와 히브리서 4:15과 같은 구절에서 이 점을 생각해 볼 수 있다.

> 우리에게 있는 대제사장은 우리의 연약함을 동정하지 못하실 이가 아니요 모든 일에 우리와 똑같이 시험을 받으신 이로되 죄는 없으시니라(히 4:15).

그리스도는 우리를 친밀하게 아신다. 왜냐하면 그분은 우리가 처해있는 상황과 동일한 상황에 처해있기 때문이다.

죄는 없으시니라(히 4:15).

죄를 짓는 것에 너무나도 익숙한 우리에게 유혹하는 자인 사탄은 그의 모든 사악한 방법들을 다 동원하지 않아도 우리를 죄에 빠지게 할 수 있다. 그러나 죄가 없으신 구주에게는 그가 가진 모든 에너지와 힘을 다 쏟아 부었다.

사탄이 그리스도에게 쏟아부은 유혹의 힘은 우리를 괴롭히는 바람과는 비교할 수 없을 만큼 허리케인처럼 강력하였다. 그럼에도 불구하고 그리스도는 그 어떤 유혹에도 넘어지지 않았다.

이제 다시 처음 질문으로 돌아와 보자.

"누구의 죄 때문에 그리스도가 돌아가신 것인가?"

우리의 죄라고 말할 수 있다. 베드로는 이미 그의 서신에서 이 점을 분명히 언급하고 있다. 베드로전서 2:24에서 베드로 사도는 그리스도는 "친히 나무에 달려 그 몸으로 **우리 죄를 담당하셨으니**"라고 했는데, 그 나무는 바로 십자가다.

따라서 베드로는 단순히 그리스도의 초기 사역에서 예수님을 반대하는 사람들과 실제로 그리스도를 십자가에 달아

죽인 사람들의 죄에 대해서 말하는 것이 아니다. 베드로는 자신의 죄와 당신의 죄와 나의 죄에 대해서 말하고 있다.[09]

3. "뜨겁게 타오르는 곳"

그 백성을 위해 그리스도가 행하신 일을 설명하기 위해 폴 잘(Paul Zahl)은 남부 조지아의 광활한 황무지가 펼쳐진 곳에서 자기 친구와 함께 오리 사냥을 했던 일화를 사용했다.

> 저 멀리 지평선 너머로 연기가 자욱하게 일어나는 것을 봤다. 순간 그는 뭔가 타는 소리를 들었다. 바람이 불었고 "산불이 그가 있는 곳으로 향하고 있다"라는 끔찍한 사실을 직감했다. 너무 빨리 다가왔기 때문에, 그와 그의 친구는 도저히 산불을 피해 달아날 수 없었다. 그 사냥꾼은 주머니를 샅샅이 뒤지기 시작했다. 그리고 배낭에 있는 모든 것을 비웠다. 그리고 바로 자신이 찾고 있던 성냥갑을 발견했다. 사냥꾼이 성냥을 그으면서 불을 붙였기 때문에, 그의 친구

---

[09] Leon Morris, *The Cross in the New Testament* (Grand Rapids: William B. Eerdmans Publ. Co., 1965), 322-323.

는 매우 놀랐다. 사냥꾼은 그들 주변에 작은 불을 놨다. 순간 이 두사람은 검게 타버른 동그란 잿더미 위에 서 있었고 점점 그들에게 다가오는 산불을 기다렸다. 산불이 그들을 덮치기까지는 오래 걸리지 않았다. 그들은 손수건으로 입을 막고 서로 껴앉았다. 산불이 가까이 다가왔고 마침내 그들을 휩쓸고 지나갔다. 그러나 그들은 하나도 다치지 않았다. 불길에 조금도 닿지 않았다. 불은 이미 다른 불길이 지나간 곳을 다시 지나가지 않는다.

잘은 죄에 대한 하나님의 심판이 산불과 같은 것이라고 말하고 있다. 죄된 인간은 하나님의 심판을 피할 수 없다. 그러나 만약 하나님의 심판이 이미 임한 뜨겁게 타버린 곳에 죄인이 서 있다면, 그들은 하나도 상하지 않을 것이다. 잘은 "그리스도의 죽음이 바로 이처럼 뜨겁게 타버린 곳"이라고 힘차게 외쳤다.

그 곳, 바로 그 곳만이 하나님의 심판의 불로부터 안전한 곳이다.
그 곳, 바로 그 곳만이 긍휼과 죄 용서가 있다.[10]

---

10 Paul Zahl, *Who Will Deliver Us?*, 42–43.

4. 십자가를 통해 하나님께 가까이 다가가기

베드로전서 3:18에서 베드로는 "하나님 앞으로 인도"하기 위해서 그리스도가 돌아가셨다고 말하고 있다. 이 말은 죄가 사람을 하나님으로부터 멀리 떨어지도록 한다는 사실을 의미하고 있다.[11] 죄는 사람과 하나님 사이에 장벽을 만든다(엡 2:11-18). 이로 인해 남자와 여자는 하나님에게 낯선자가 되었고 심지어 하나님의 원수가 되었다.

따라서 성경은 그리스도의 죽음을 속죄, 즉 인간의 죄에 대한 하나님의 의로운 분노를 비껴나가게 하는 것이라고 말하고 있다(롬 3:25). 그리스도의 죽음은 인간을 하나님과 화목케 하고 하나님의 공의로운 분노를 잠재운다.

> 스스로를 그리스도와 그의 고난을 통해서 죄인들을 위해 행하신 구속의 역사에 동참하는 사람은 이제 하나님께로 가까이 나아갈 수 있고 하나님의 평화와 임재 안에 거할 수 있다.[12]

---

[11] James Denny, *The Death of Christ* (London: The Tyndale Press, 1951), 62.
[12] Denny, *The Death of Christ*, 62.

그렇다면 이 모든 것이 그리스도인의 영성에 무슨 의미가 있을까?

첫째, 기도와 예배, 교제를 통해 하나님께 영적으로 다가가는 것은 가볍게 여길 수 있거나 허락을 받아야 하는 것이 아니다.

하나님께 나아가는 것은 죄 없는 인간이셨으며 하나님이신 예수 그리스도의 죽음으로만 가능케 되는 이루 헤아릴 수 없는 값비싼 것으로서 인간이 누릴 수 있는 가장 큰 특권이다. 이에 대해 베드로전서 1:18-19에서 이렇게 말하고 있다.

> 너희들이 "헛된 행실에서 대속함을 받은 것은 오직 흠 없고 점 없는 어린 양 같은 그리스도의 보배로운 피로 말미암아 된 것이다(벧전 1:18,19).[13]

둘째, 그리스도와 그의 십자가의 죽음을 통하지 않고는 하나님을 영적으로 알고 예배할 수 있는 길은 단연코 없다.

따라서 십자가 중심(Crucicentrism), 즉 십자가에서 돌아가신 그리스도에게 초점을 맞추는 것은 성경적이고 복음주의

---

13 Cf. Denny, *The Death of Christ*, 62.

적 영성의 핵심이 되는 가치라고 할 수 있다.[14] 영국 역사학자인 데이빗 베빙톤(David Bebbinton)이 언급한 것처럼, 복음주의는 역사적으로 "그들의 신학적 교리의 핵심을 십자가의 교리, 즉 죽음을 통해서 이룬 예수 그리스도의 속죄사역에 놓았다."[15]

우리는 지금 하나님과 종교에 대해 종교다원주의 입장을 선호하는 문화에 살고 있다. 이런 문화는 모든 종교는 동등하다고 가르친다. 모든 종교는 하나님께로 가는 길이라고 믿도록 만든다. 더 나아가 하나님께로 가는 유일한 길이 있다는 말은 경직되고 편협한 것이라고 가르친다.

그러나 이런 다원주의 시각은 베드로전서 3장에서 베드로가 말한 것을 완전히 부인하는 것이다. 베드로뿐만 아니라, 모든 성경은 하나님께로 가는 유일한 '한 가지' 길에 대해 말하고 있으며 그 길은 그리스도와 십자가를 통해서만 가능하

---

14 전 복음주의의 핵심요소인 십자가 중심을 이해하기 위해서는 다음의 내용을 참고하라. David Bebbinton, *Evangelicalsim in Modern Britain. A History from the 1730s to the 1980s* (1989 ed.; repr. Grand Rapids: Baker Book House, 1992), 14-17. 청교도주의와 복음주의 사이의 불연속성에 대해 Bebbington의 주요 논쟁점이 문제가 없다는 것은 아니지만, 십자가 중심주의를 복음주의 삶의 특징으로 보는 그의 견해는 분명히 맞다.

15 David Bebbington, "Evangelical Christiantiy and the Englightenment," *Crux*, 25, no. 4 (December 1989), 30.

다고 가르치고 있다. 그리스도는 "우리를 하나님께로 이끌기 위해" 돌아가셨다. 만약 하나님께로 가는 다른 길이 있다면, 굳이 그리스도가 돌아가지 않으셨어도 되었을 것이다.

그러나 다른 길은 절대로 없다!

그리스도는 하나님의 공의를 만족시키고 긍휼하심으로 '우리를 하나님께로 이끌기 위해' 돌아가셔야만 했다.

5. 칭의에 담긴 의미

십자가에서 하나님은 우리의 죄를 엄중히 다루셨다. 우리의 모든 죄는 그리스도에게 전가되었다. 우리가 이 사실을 믿을 때, 우리는 그리스도와 함께 거하는 삶을 살며 하나님과 바른 관계를 맺을 수 있다. 이 연합 안에서 무엇인가가 전가되었다. 즉 그리스도의 의로움이 그리스도를 믿는 사람에게 전가되었다.

이것은 종교개혁의 선구자였던 마틴 루터가 발견한 놀라운 사실이다. 이 사실을 발견하기 전에, 루터는 자신이 율법 안에서 하나님이 요구한 의로움을 결코 얻을 수 없는 죄인이었다는 것을 확실히 알았다.

따라서 하나님은 죄를 싫어하시는 거룩한 하나님이시기

때문에, 루터는 어느 날인가 자신이 하나님의 진노에 직면할 것임을 깨달았다. 그의 선행이 아니라 오직 그리스도의 죽음을 통해서만 구원받을 수 있다는 사실을 깨달음으로 말미암아, 루터는 구원이 하나님이 요구한 완벽한 의의 기준을 만족시키는 문제가 아님을 알게 되었다.

오히려 단순하게 오직 믿음으로 말미암아 루터는 그리스도의 의로움에 전적으로 의지해야만 했다. 왜냐하면 모든 남자와 여자 사이에서 오직 그리스도만이 죄를 짓지 않으셨기 때문에, 그리스도만 홀로 완전한 의로운 삶을 사셨고 그분만이 율법과 율법의 의로운 요구들을 완전하게 만족시킬 수 있으셨다.[16]

---

16 예를 들어, 고후 5:21에 보라. 전가는 교회 안에서 자주 논란을 일으켰던 문제였다. 예를 들어, 18세기 스코틀랜드 사제인 Robert Ricalltoun(1691-1769)은 그 시대의 '전가'라는 단어의 신학적 사용에 반발했다. "어떤 사람들은 그 단어에 대해 심한 혐오감을 갖고 있어서 그것을 언급하는 것조차 싫어한다. 다른 사람들은 그 단어를 유난히 좋아해서 이 단어를 배제하고 그들을 기쁘게 할 그 어떤 단어도 없다고 생각한다(Essays on Several of the Doctrines of Revelation in *The Works of the Late Revered Mr. Robert Riccaltoun V1*: *Minister of the Gospel at Hobkirk*[Edingburgh: A. Murray & J. Cochran for the author's son, 1771], 305-306).
최근에 그리스도의 자발적 순종으로 말미암은 전가의 문제가 다시 논란이 되었다. 이 문제에 대한 개혁주의적 관점을 위해서는 다음의 책들을 참고하라. John Piper, *Counter Righteous in Christ*: *Should We Abandon the Imputation of Christ's Righteousness?* (Wheaton, Illinois: Crossway Books, 2002) and Brian J. Vickers, *Jesus' Blood and Righteousness*: *Paul's Theology*

루터가 발견한 것은 하나님의 진노로부터의 구원은 죄인들을 위한 그리스도의 죽음을 단순히 믿는 것으로 말미암는다는 것을 보여준다. 십자가에서 그리스도는 믿는 자들의 과거, 현재와 미래의 모든 죄를 책임지셨고 하나님은 진실로 믿는 자에게 그리스도의 의로움을 전가시키셨다(또는 믿는 자들의 것으로 여겨주셨다). 루터가 깨달은 구원은 이것이다.

> 마틴과 자신의 의로움의 문제가 아니라 하나님과 하나님의 의로움의 문제다. 마틴의 수고의 문제가 아니라, 하나님의 구속 역사의 결과다.

루터는 성경적 기독교는 소위 말해서 수고의 산물이나 순례, 금식, 예배 예식의 참여 등등의 중세 시대의 영성 조직이 아니라, 오직 예수 그리스도와 그 분의 십자가의 죽음을 통해 이뤄지는 유일한 하나님의 구원의 역사를 믿는 믿음에 그저 복종하는 것이다.

다시 한 번 루터가 믿음으로 의롭다함이 의미하는 것을 묘사한 다른 주장을 살펴보도록 하겠다.

---

of Imputation (Wheeaton, Illinois: Crossway Books, 2006).

나, 마틴 루터, 주 예수 그리스도의 가치 없는 복음 전도자는 다음과 같은 내용을 생각할 뿐만 아니라 확신한다. 이 아티클을 통해서 행위가 아니라, 오직 믿음으로만 하나님 앞에서 의롭다고 인정을 받고 이 사실은 절대로 뒤집어지지 않는다. 왜냐하면 하나님의 아들인 그리스도 홀로 우리의 죄를 위해 돌아가셨기 때문이다. 그러나 만약 그리스도만 홀로 우리의 죄를 멀리하신다면, 사람들은 죄 용서와 의로움을 얻는 과정에서 그들의 행위로 어떤 도움도 줄 수 없다. 또한 오직 믿음으로 말미암지 않고는 그리스도를 받아들일 수 없다. 우리의 행위로 말미암아 그리스도를 붙잡을 수 있는 것이 아니다. 그러나 행위가 따라오기 전에 만약 믿음이 구속자를 붙잡으면, 틀림없이 행위 이전에 믿음만으로 그리고 행위 없이 구속의 은혜를 누릴 수 있다. 이것이 다름아닌 칭의이며 죄로부터의 구원이다. 이것이 우리의 교리다. 따라서 성령은 이 사실을 모든 그리스도의 교회에 가르친다. 이런 점에서 하나님의 은혜로 말미암아 우리가 굳건히 설 수 있다. 아멘.[17]

---

[17] M. Eugene Osterhaven, *The Faith of the Church. A Reformed Perspective on its Historical Development* (Grand Rapids: William B. Eerdmans, 1982), 109-110에서 인용.

루터가 여기에서 한 말을 잘 생각해보자.

우리는 죄인을 위한 그리스도의 죽음을 믿는 믿음으로만 의롭다하심을 얻었다. 우리의 행위는 하나님과 바른 관계가 되는데 있어서 어떤 부분으로도 끼어들 자리가 없다. 따라서 '믿음' 그 자체는 '행위'로 간주될 수 없다. 우리가 추구하는 믿음은 그 자체가 하나님으로부터 온 선물이고 성령의 창조물이다. 죄인이 자신을 의롭게 하는 하나님을 받아들일 수 있도록 도우시는 분은 성령이시다.[18]

결국, 미국 신학자 마이클 호튼(Michael Horton)의 말에 의하면, 우리의 믿음만이 칭의를 가져다주는데, 왜냐하면 믿음은 "의의 풍성함이 한이 없는" 그리스도를 붙잡는 것에 근거하기 때문이다.[19]

우리의 믿음은 가끔 약해진다. 그러나 우리가 하나님 앞에 온전하게 서 있을 수 있는 이유는 우리 믿음이 강하기 때문이 아니다. 절대로 무너지지 않는 그리스도의 의의 강함에 근거하기 때문이다. 이에 대해 루터는 다음과 같이 말하고 있다.

---

[18] G. W. Bromiley, "The Doctrine of Justification in Luther," *The Evangelical Quarterly*, 24 (1952), 98-99.

[19] Michael S Horton, "The Sola's of the Reformaton" in James Motgomery Boice and Benjamin E. Sasse, eds., *Here We Stand! A Call from Confessing Evangelicals for a Modern Reformation* (Grand Rapids: Baker Books, 1996), 123.

내가 예수 그리스도를 나의 구주로 믿는 것은 내 이성에 의하거나 스스로의 능력에 의한 것이 아님을 안다. 성령이 전 세계의 그리스도인들을 예수 그리스도를 통해 진실하고 온전한 믿음으로 부르시고 함께 모으시며 일깨우시고 성화를 이루시고 지속시키시는 것처럼, 성령은 복음을 통해 나를 부르셨는데, 이는 나를 일깨운 그분의 선물이며 나를 성화시키며 의롭게 붙드시는 온전한 믿음을 통해서 이룬 것이다.[20]

The God Who Draws Near:
An Introduction to the Biblical
Spirituality

---

[20] Alasdair I. C. Heron, *The Holy Spirit* (Philadelphia: Westminster Press, 1983), 100에서 인용.

제5장

말씀의 영성

"우리의 유일한 무오한 원리"

1778년에 그의 생애의 대부분을 영국 남서부 지방에서 목회한 웨일즈 침례교 목사인 벤자민 프란시스(Benjamin Francis, 1734-1799)는 침례교회 연합의 믿음의 동역자들에게 서신을 쓰곤 했다. 그의 편지에서 프란시스는 복음주의적 영성의 가장 근본적인 것이 무엇인지 다음과 같이 설명하고 있다.

우리는 진심으로 당신에게 교리와 경험과 실천에 있어서 치명적인 실수가 생기지 않도록 매우 조심할 것과 당신의 종교적인 감상, 감정, 그리고 행동을 종교에 있어서 우리의 유일한 무오한 법칙인 하나님의 말씀으로 정확히 검증하기를 바랍니다. 진리를 사고, 그것의 댓가를 지불하고, 진리를 세

상 모든 것과 바꾸지 말아야 합니다.[01]

여기에 담긴 단어를 주의 깊게 살펴보자.

"성경은 무오하고 따라서 그리스도인의 경험과 삶의 스타일뿐만 아니라 그리스도인의 교리와 세계관을 확실하게 이끈다."

지금은 온타리오로 알려진 어퍼 캐나다(Upper Canada) 뉴브룬스윅(New Brunswick) 출신인 아담 뮤레이(Adam Murray)라는 젊은 청년은 학교 선생이면서 또한 농부로서 스스로 삶을 개척하며 살기 위해 썼던 편지에서도 이와 유사한 성경 중심의 강조점을 찾아 볼 수 있다.

신실한 젊은 장로교인인 뮤레이는 한 때 목사가 되고 싶어서 신학을 공부할 꿈을 꿨었다. 그러나 어떤 이유, 아마도 재정적인 이유 때문에, 그 꿈을 접어야 했다. 뮤레이는 어퍼 캐나다에서 지내다가 고향에 계신 어머니에게 편지를 쓰면서 그가 지금 살고 있는 땅이 얼마나 축복받은 곳인지와 열심히 일하기를 원하는 사람이 어떻게 온타리오 남부 전역에서 새롭게 정착하고 번성할 수 있는지에 대해서 말했다.

그리고 뮤레이는 이 모든 것 중에 가장 복된 것이 무엇인지 다음과 같이 말했다.

"우리는 다섯 달마다 두 번씩 복음을 들을 수 있는 측량할

---

[01] Benjamin Francis, *Circular Letter of the Western Association* (n.p., 1778), 2.

수 없는 특권을 누리고 있습니다."

뮤레이의 말은 빈정대는 것도, 불평하는 것도 아니었다. 그가 그렇게 진술한 상황은 개척자로서의 고된 삶 가운데서도 선포된 복음으로서 하나님의 말씀을 들을수 있다는 사실에 뮤레이가 얼마나 깊이 감사하고 있는가를 잘 보여주고 있다.

뮤레이는 진실로 그의 삶에서 가장 놀라운 특권이 하나님의 말씀을 듣는 것으로 생각하고 있는 것 같다. 뮤레이는 장로교회에서 장로가 되었지만, 결코 목사나 복음을 전하는 설교자가 되지 않았다. 그의 사망 기사는 뮤레이가 죽었을 당시 그의 성경에 대한 지식과 개혁신학에 대한 이해가 얼마나 깊고 놀라웠는지 잘 보여주고 있다.[02]

처음에 벤자민 프란시스로부터 인용한 것과 뮤레이가 170년 전에 쓴 이 한 줄은 우리가 성경이라 부르는 책의 특별함과 독특함에 대해 그리스도인들이 마땅히 생각해야 할 것들을 다시 한 번 상기시킨다.

---

02 이 이야기는 Stephen Farris가 말했다. Stephen Farris, *The Preaching That Matters: The Bible and Our Lives* (Lousville: Westminster/John Know Press, 1998), 147.

1. "하나님의 말씀"

그리스도인들은 자주 성경을 "하나님의 말씀"으로 묘사한다. 이는 또한 성경이 그 안에서 묘사하고 있는 바이다.[03] 성경에 대한 이런 표현을 인정하면, 우리는 궁극적으로 하나님이 성경의 기원임을 확인하는 것이다. 성경을 구성하고 있는 다양한 책들은 우리와 같은 사람이 쓴 것임에 의심의 여지가 없다. 다양한 문화적 배경을 가진 다른 사람들이 1500년 이상의 시간에 걸쳐서 성경을 기록했다.

이런 점에서 사도 요한이 고대에 글을 쓰는데 있어서 정말 필요한 두 가지 도구인 '파피루스(종이)와 잉크'를 언급한 요한이서 12절을 살펴보라.

따라서 성경은 다른 인간의 저서에서 볼 수 있는 특징과 표시들이 있기 때문에, 그런 점을 참고해서 연구해야 한다. 성경에 있는 다양한 인간 저자들의 다른 특징들과 강조점을 연구하고, 성경을 기록하는데 있어서 그들의 개인적인 기고가 언제 그리고 왜 이뤄졌는지를 살펴야 하고, 전반적으로 다른 고대 문헌들을 연구하는 것처럼 성경을 전반적으로 연

---

[03] 예를 들어, 잠 30:5; 눅 11:28; 행 13:5을 살펴보라. 롬 3:2에서 바울은 구약성경을 '하나님의 말 자체'로 보고 있다.

구해야 한다. 그러나 잊지 말아야 할 가장 중요한 사실이 있다. 이는 **하나님이 성경의 저자**라는 사실이다.

성경의 이중 저자에 대한 주장에 대해서 전통적으로 사용되는 성경 구절은 베드로후서 1:20-21이다. 전후 맥락에서 베드로는 그의 독자들에게 말하기를, 그들에게 알려진 것, 즉 "예수 그리스도의 능력과 강림하심"은 '우화'도 아니고 베드로나 다른 사도들에 의해 '교묘히 만들어진' 신화가 아니라는 점을 분명히 확인시키고 있다. 베드로는 우선 그의 독자에게 밝히 드러난 그리스도의 영광을 직접 본 사람들의 증언을 제시하고 있다. 여기에서 베드로는 변화산에서 그가 직접 경험한 사건이나 부활하신 예수님을 본 경험 중의 하나를 생각하고 있는 듯하다.

그러나 베드로는 그와 그의 독자들이 그런 눈으로 본 경험보다 더 좋은 증거가 있다고 주장한다. 베드로와 그의 독자들은 "예언된 말씀"(19절), 즉 구약성경을 가지고 있다. 이 성경은 그 어떤 인간의 경험보다 더욱 확실한 것이다. 시편 119:105의 "주의 말씀은 내 발에 등이요 내 길에 빛이니이다"와 같은 구절들을 내비치면서 베드로는 그리스도가 다시 오실 때까지 이 세상의 캄캄한 어둠 속에서 빛을 주는 것은 성경임을 분명히 말하고 있다.

그런데 그들은 어떻게 성경을 믿을 수 있는가?

베드로는 다음과 같이 기록하고 있다.

> 예언은 언제든지 사람의 뜻으로 낸 것이 아니요 오직 성령의 감동하심을 받은 사람들이 하나님께 받아 말한 것임이라(벧후 1:21).

이 본문에서 기억해야 할 적어도 세 가지 중요한 사실이 있다.

첫째, 성경은 인간에 의해서 쓰여진 것이 분명하다.
성경 기록에는 인간 저자들이 확실하고 실제적으로 관여되어 있다.

둘째, 이런 인간 저자들이 자신들의 생각이나 아이디어를 성경에 기록할 때, 그들은 자기들의 생각대로 기록한 것이 아니었다.
궁극적으로 성경, 즉 베드로가 전후 문맥에서 말하고 있는 구약성경이나 베드로후서가 속한 신약 성경 모두 인간의 계획이나 디자인에 근거한 것이 아니다. 오히려 '성령의 감동하심에 영향을 받은' 인간이 기록한 것이다.

셋째, '감동하심을 받아' 또는 '감동된'으로 번역되는 단어는 인간 저자가 그의 의지에 반해서 쓰도록 압력을 받았다거나 스스로의 통제력을 잃어버렸다는 말이 아니다.

베드로가 이 내용을 설명하기 위해 조심스럽게 표현한 방법을 주목해 볼 필요가 있다. 인간 저자들이 성령에 의해 '감동'된 것과 동시에 성경의 저자들도 말을 하고 있다. 인간 저자들이 성경을 기록할 때, 이들의 마음과 의지가 전적으로 관여한다.

예를 들어, 사도행전을 기록한 누가는 사도행전을 기록하기 전에 자신이 쓸 내용에 대해 광범위하게 조사했다. 더 나아가 인간 저자들이 성경을 기록할 때, 자신만의 개인적인 독특한 스타일과 특별한 단어의 패턴이나 관용적인 표현들을 사용했다.

우리가 성령의 영감이라 부르는 이런 과정은 저자가 말씀을 기록할 때, 비정상적인 정신 상태에서 기록을 한다거나 그의 개인성을 완전히 없앤다는 말이 아니다. 마치 받아쓰는 기계가 되는 것을 의미하는 것 또한 아니다. 언제나 성령은 이런 저자들과 함께 함으로써 그들이 기록한 최종적인 말씀이 하나님의 목적과 의도에 완전히 부합하도록 만드셨다.

따라서 성령의 영감은 동의된 행동으로 묘사할 수 있다.

제임스 패커(J. I. Packer)는 이런 독특한 문학적 현상을 다음과 같이 표현했다.

> 우리는 성령의 영감을 주는 행위를 "동의하는" 것으로 생각한다. 즉 인간 저자들의 자발적의 행동을 통하거나 행동에 의해 이뤄지는 것으로서 그들의 생각과 글쓰기는 모두 전적으로 자유롭고 자발적인 그들의 것이면서 동시에 신에게 이끌림을 받고 통제되는 것이다. 따라서 이들이 쓴 것은 그들 자신의 작품만이 아니라 동시에 하나님의 작품이다.[04]

2. 말씀의 충족성

성경을 하나님의 영감된 말씀이라고 말하는 것은 성경이 말하는 모든 부분에서 성경의 절대적인 충족성을 단언하는 것이다. 따라서 바울은 자신이 이 세상에서 마지막이 다가옴을 알았을 시점에 디모데에게 다음과 같이 마지막 편지를

---

04   J. I. Packer, *"Fundamentalism" and the Word of God: Some Evangelical Principles* (London: Inter-Varsity Fellowship, 1958), 80.

쓸 수 있었다.

> 그러나 너는 배우고 확신한 일에 거하라 너는 네가 누구에게서 배운 것을 알며 또 어려서부터 성경을 알았나니 성경은 능히 너로 하여금 그리스도 예수 안에 있는 믿음으로 말미암아 구원에 이르는 지혜가 있게 하느니라 모든 성경은 하나님의 감동으로 된 것으로 교훈과 책망과 바르게 함과 의로 교육하기에 유익하니 이는 하나님의 사람으로 온전하게 하며 모든 선한 일을 행할 능력을 갖추게 하려 함이라(딤후 3:14-17).

이 말씀에서 사도 바울은 성경은 사람들이 교리에 대하여 충분한 지식을 갖게 하며 "모든 선한 일을 하도록 온전하게" 하기에 충분하다고 단언하고 있다. 성경은 또한 사람들로 하여금 이단이나 복음의 가르침과 다른 삶의 방식을 분명히 구별하도록 돕는다.

어떻게 성경이 이런 일을 할 수 있는 것인가?

한 가지 단순한 사실 때문이다. 즉 성경은 하나님의 감동으로 된 것이기 때문이다(*theopneustos*).

"하나님의 감동"이라는 특정 단어를 사용함으로서 사도 바울은 성경이(이미 기록된 구약성경과 기록되는 과정 중에 있는 신약성경 모두) 성령 하나님의 창조적인 작업의 결과임을 분명히 선언하고 있다. "하나님의 감동"(God-breathed, *pneustos*)이라는 단어의 끝 부분에서 성령을 완곡하게 암시하는 하나님의 거룩한 호흡(the Holy Breath, *pneuma*)을 주목해야 한다.

결국 사도 바울은 성경의 모든 단어가 원래 주어진 것처럼 성경은 반드시 하나님의 마음에서 비롯된 것으로 이해해야 한다고 주장하는 것이다. 성경이 기록되어 우리에게 주어진 방법처럼 인간 저자들이 그렇게 성경을 사용해 왔지만, 성경의 궁극적인 저자는 다름 아닌 하나님의 영이다.

이런 이유로 인해서 성경의 저자들은 하나님의 모든 목적을 이루기 위해 쓰임을 받을 수 있었다. 다른 말로 표현하면, 하나님이 실제적인 저자로서 모든 인간 저자의 뒤에 존재하시기 때문에, 성경은 전적으로 신뢰할 만하다.

3. 하나님의 말씀에 반응하기

그렇다면 우리는 이런 사실들에 대해 어떻게 반응해야 할까?

글쎄, 성경은 하나님이 궁극적인 저자이기 때문에, 다른 책을 이해하는 것과 다른 방법으로 접근해야 할 것이다.

① 주 예수 그리스도와 함께 우리는 하나님의 말씀을 진리로 단언한다(요 17:17).
② 우리는 성경의 권위가 하나님께로부터 오는 것임을 안다(살전 4:1-8).
③ 우리는 경외심을 갖고 성경에 귀를 기울인다(살전 2:13).
④ 우리는 성경의 가르침에 순종한다(사 66:2).
⑤ 우리는 성령이 성경을 생동감 있게 하며 우리가 성경을 이해할 수 있도록 돕는다고 확신한다(엡 6:17; 히 4:12).
⑥ 우리는 성경에 목마르다(렘 15:16; 시 19:7-10).
⑦ 우리는 성경이 우리의 모든 삶을 인도해줄 것을 확신한다(시 119:105).

4. 생각해봐야 할 모델: 윌리엄 틴데일(William Tyndale)의 말씀 중심의 삶[05]

1994년에 영국도서관(British Museum)은 이백만 달러(백만 파운드)가 넘는 큰 금액을 지불하고 책 한권을 구매했다. 이

---

05 일부는 Michael A. G. Haykin의 글에서 참고했다. Michael A. G. Haykin, "William Tyndale: The Father of the English Bible," *The Evangelical Baptist*, 41, no. 11 (October 1994), 14-16.

책에 대해 당시 도서관 최고 책임자였던 브라이언 랑(Brian Lang) 박사는 "240년 역사를 통틀어 구매한 책 중에 가장 값진 책 중의 하나다"라고 묘사했을 정도였다.[06]

그 책은 무엇인가?

바로 신약성경 복사본이다. 물론 그것은 단순한 복사본이 아니다. 사실, 현존하는 신약성경 중에 이 복사본과 같은 책은 단지 두 권이 더 존재할 뿐이다. 이들 복사본 중의 하나는 런던에 있는 성바울성당도서관에 있고 71페이지 분량이 사라졌다. 다른 복사본은 슈트가르트주립도서관에 있는 성경전시관에서 빛을 보게 되었다.[07]

슈트가르트주립도서관에 있는 복사본에 대해서 특별히 언급할 것은 이 복사본이 틴데일의 영국도서관에 있는 복사본에는 없는 틴데일의 표지를 포함하고 있다는 점이다. 여기에는 다음과 같은 말이 있다.

---

[06] John Capon, "New Home for Tyndale's 1526 New Testament," *Baptist Times* (5 May 1994), 15에서 인용.

[07] 이 복사본 구입에 관련된 재정에 대한 이야기는 다음의 글을 참고하라. "Good News from Stuttgart: A hitherto unrecorded copy of the first complete printing of William Tyndale's English translation of the New Testament," Württembergische Landesbibliothek Stuttgart (www.wlb-stuttgart.de/english/tyndalee.html; accessed 6 June 2004).

신약성경은 우리가 알고 있는 것처럼 기록되었는데, 이는 그 말씀을 들은 사람들에 의해 기록되게 되었다. 우리 구주 예수 그리스도는 그들에게 모든 피조물에게 말씀을 전하라고 명령하셨다.[08]

영국박물관은 세계에서 가장 오래된 침례교신학교인 브리스톨침례대학에 오랜 시간 동안 보관해온 이 신약성경을 구입했다. 이 신약성경은 그 당시에 유명한 런던 침례교 목사인 앤드류 기포드(Andrew Gifford[1700-1784])에 의해 브리스톨침례대학에에 기증된 것이었다.

존 화이트(John White)는 서지학자였던 죠셉 에임즈(Joseph Ames[1689-1759])로부터 이 신약성경을 구입했고, 기포드는 1776년에 화이트로부터 이 신약성경을 구매했다. 에임즈는 이 신약성경을 토마스 오스본(Thomas Osborne)이라는 서적판매상으로부터 단 15실링(1불의 가치-역주)에 구매했었다.

이 신약성경은 1526년에 독일 보름스(Worms)에 있는 피터쉐퍼(Peter Schoeffer)출판사에서 인쇄한 것으로 오늘날 틴데일 신약성경으로 잘 알려진 것이다. 피터쉐퍼출판사에서 첫 출판된 신약성경은 헬라어 원어를 영어로 번역한 것으로서 그

---

08 Good News from Stuttgart."

가치는 이루 헤아릴 수 없다.

이 신약성경은 번역자의 이름을 땄는데, 그가 바로 윌리암 틴데일(William Tyndale[1536년 사망])이다. 교회사에서 틴데일은 매우 중요한 역할을 차지한다. 틴데일의 중요한 역할에 대해 브리테니카백과사전 11판에서는 다음과 같이 언급하고 있다. 틴데일은 "영국 개혁의 가장 위대한 동력이 되었던 사람들 중의 하나였고," 틴데일의 글은 "영국에서 청교도 정당의 사상을 형성하는데 크게 기여했다."[09]

겉으로 드러나는 예식의 정확한 수행에 집중하는 경건을 중요시하던 중세 시대 로마가톨릭과 극명하게 대립해서, 다른 종교개혁가들처럼 틴데일은 기독교의 핵심은 믿음이라고 생각했다. 이 믿음은 믿고 있는 것을 이해하는 것을 전제한다. 틴데일에게는 성경에 대한 지식, 즉 영어로 성경을 이해하는 것이 그리스도인의 영성과 그리스도인을 성숙하게 하는데 있어서 정말 중요한 것이었다.

영국 국민이 하나님의 말씀을 읽을 수 있도록 영어로 번역하기로 한 틴데일의 결정은 매우 확고해서 1520년대 중반부

---

[09] *The Encyclopedia Britannica* (11th ed.; New York: Enylopeia Britannica, Inc., 1911), XXVII, 499. 최고의 틴데일 전기는 David Daniell의 작품이다. David Daniell, *William Tyndale. A Biography* (New Haven/London: Yale University Press, 1994).

터 그가 순교한 1536년까지 그의 삶은 이 한 가지 목표만을 향했다. 이런 그의 일편단심의 비전이 남긴 것은 하나님의 말씀에 대한 특별한 관점이었다. 틴데일이 1530년에 쓴 창세기 번역의 머리말에서 그는 다음과 같이 적었다.

> 성경은 빛이며, 우리에게 진실된 길과 무엇을 하고 무엇을 소망해야 하는지 보여준다. 그리고 성경은 모든 실수로부터 우리를 지키며 우리가 절망하지 않도록 역경에서 위안이 되며 우리가 죄를 짓지 않도록 번영 가운데서 우리에게 두려움을 준다.[10]

당시 교회의 권세가들로부터 심한 반대가 있었고 1536년에 순교를 당했음에도 불구하고, 하나님의 말씀은 영국 개혁에 있어서 절대적인 중심이 되었다. 데이빗 다니엘이 틴데일에 대한 전기에서 분명히 말한 것처럼, 틴데일의 성경 번역은 영국 국민들을 "성경의 국민"으로 만들었다.[11]

---

10 "Prologue" to Genesis in G. E. Duffield, ed., *The Work of William Tyndale* (Appleford, Berkshire: The Sutton Courtenay Press, 1964), 37.
11 Daniell, *William Tyndale*, 3. 틴데일에 관련해서 다음 글 또한 참고하라. Iain Murray, "William Tyndale" (Lecture at Ebenezer Free Reformed Church, Dundas, Ontario, 24 October 1994).

따라서 종교개혁은 그리스도인의 영성을 고양시키는데 있어서 중대한 변화를 불러일으켰다. 중세 시대 로마가톨릭은 영성을 고양시키는 수단으로 상징(symbol)과 이미지(image)를 주로 사용해왔다. 인쇄술이 발명된 때에 일어났던 종교개혁은 영성에 대한 강조점을 다시 말씀에 둠으로써 성경적 영성을 진작시키려고 했는데, 여기서 말하는 말씀은 선포된 하나님의 말씀과 기록된 말씀으로서 특별히 성경을 가리키고 있다.

다른 무엇보다도 성경에 더욱 중심을 두려는 영성을 진작시키려는 시도를 할 때, 복음주의는 더욱 강력한 힘을 얻어왔다. 물론, 우리는 이런 점에서 심각한 도전에 직면해 있는 것이 사실이다. 우리가 말씀이 더 이상 우리 삶에 적합하지 않다고 주장하는 시대에 살고 있기 때문이다.

이런 주장을 하는 사람들은 오늘날의 영성을 위해 이미지와 드라마가 필요하다고 주장한다. 그러나 이런 도전은 오늘날만의 문제는 아니었다. 기독교 영성의 역사를 되돌아보면, 말씀에 근거한 영성을 주장한 사람들이 비판에 직면하고 언어로 공격을 당했다는 사실을 종종 찾아볼 수 있다.

5. 성령과 말씀의 청교도적 균형

예를 들어, 말씀에 중심을 둔 청교도 영성은 급진적 진보주의로 가려는 사람들에 의해 도전을 받았다. 로도윅 머글톤(Lodowick Muggleton[1609-1698])과 그의 사촌인 존 리브(John Reeve[1608-1658])에 의해 시작된 머글토니안주의자들(Muggletonians)이 그들이었다.

머글톤과 리브는 자신들이 요한계시록 11:3-6에 기록된 두 명의 증인들이라고 믿었고 삼위일체를 부인하였으며 설교와 기도를 부정했으며 자신들에게 주어진 계시는 인류에게 주는 하나님의 마지막 말이라고 주장했다(이것이 머글토니안주의자들의 주장임-편집자 주).

또한 청교도인들에게 더욱 위협적인 존재는 퀘이커교도들이었다. 퀘이커교도들은 여러 가지 면에서 근대의 은사주의 운동과 대등한 자들이었다. 청교도주의에 반해 새로운 대안으로 기대를 모았던 퀘이커 운동(The Quaker movement)은 1640년대 후반에 시작되었다.

구두 수선공이자 시간제 목자(shepherd)였던 죠지 폭스(George Fox[1624-1691])는 정통 청교도 신학의 많은 부분을 거부하는 자신만의 기독교 믿음에 대한 관점을 갖고자 애를 썼다.[12] 폭스와 초기 퀘이커교도들은 모든 인류를 위한 구원의 가능성을 전했고 사람들로 하여금 구원을 찾기 위해 그들 가운데 있는 빛으로 나올 것을 종용했다. 침례교도였던 사무엘 피셔(Samuel Fisher[1605-1665])는 이에 대해 다음과 같이 기록했다.

> [우리는] 모든 사람이 자신의 양심 안에 있는 빛을 보도록 부름을 받았다. 그 빛으로 이끄는 것을 통해서 그들은 하나님에게 나아갈 수 있고 그들 자신의 구원을 이룰 수 있다.[13]

---

[12] George Fox의 삶과 사상에 대한 최고의 평가는 Gaius Davies의 글에서 찾아볼 수 있다. Gaius Davies, 'George Fox; a Radical Spirit' in the *Fire Divine. Papers read at the 1996 Westminster Conference* (London: The Westminster Conference, 1996), 52-72. Fox에 대한 동정적 연구는 H. Ingle의 책에서 찾아볼 수 있다. H. Larry Ingle, *First among Friend: George Fox and the Creation of Quakerism* (New York/Oxford: Oxford University Press, 1994).

[13] Barry Reay, The Quakers and the English Revolution (New York: St. Martin's Press, 1985), 33에서 인용. 성경에 대한 Samuel Fisher의 관점에 대한 토론은 Dean Freiday의 글을 참고하라. Dean Freiday, *The Bible: Its Criticism, Interpretation and Use in 16th and 17th Century England* (Pittsburgh: Catholic and Quaker studies, 1979), 97-102. 이 내용과 다음 세 문단은 Haykin의 책에 이미 나와있다. Michael A. G. Haykin, *Kiffin, Knollys and Keach: Rediscovering Our English Baptist Heritage* (Leeeds: Reformatioin Today Trust, 1996), 65-67. Used by permission.

그러나 퀘이커교도들이 그리스도나 성령의 내주하심이라고 부르는 내재하는 빛에 대한 강조점은 종종 그들로 하여금 그 빛을 성경보다 더 위에 두는 잘못을 범하도록 만들었다.

퀘이커교도들은 성령이 사도들에게 말씀했던 것처럼, 자신들에게도 말씀하고 계신다고 깊이 확신했다. 실제로 이런 확신은 내주하는 성령을 경험하는 것을 성경 위에 두려는 경향으로 나타났다.

따라서 헌팅돈셔(Huntingdonshire)와 캠프리지셔(Cambridgeshire)에서 일부 침례교도들이 퀘이커교도가 되면서 "삶의 기준으로 삼고 싶었던 것은" 성경이 아니라, "그들의 양심 안에 있던 빛"이었다고 말했는데, 이는 이들이 퀘이커 운동이 내포하고 있는 것을 단순하게 그리고 쉽고 분명하게 표현한 것이라고 볼 수 있다.[14]

초기 퀘이커 작가였던 이삭 페닝톤(Isaac Penington[1616-1679])은 성경보다 내주하는 성령을 사상과 삶의 행동을 위한 시금석과 최종적인 권위로 만들려는 경향을 보였다. 죠지 폭스가 1657년에 행한 연설을 듣고 그 이듬해에 퀘이커주의로 개종한 페닝톤은 퀘이커운동의 핵심적인 인물이 되었다. 제이 프로스트(J. W. Frost)에 의하면, 페닝톤은 퀘이커교도로 전향한

---

14 다음에서 인용. Reay, *Quakers*, 34.

2세대들 중에 가장 지적이고 세련된 최고의 모델이었다.

1670년에 페닝톤은 나다나엘 스토너(Nathanael Stonar)라는 이름으로 동료 퀘이커 교도에게 쓴 편지를 썼다. 이 편지에서 페닝톤은 퀘이커교도들과 다른 신앙인들 사이에 분명하게 다른 것이 있는데, 그 중에 하나가 "다스리는 법칙에 관한 것"이라고 말했다.

다른 신앙인들은 성경이 사람들의 삶과 사고에 지시하는 법칙이라고 말하는 반면, 페닝톤은 인간의 삶에 내주하는 성령이 "말씀보다 또는 성경에 있는 그런 것들에 관해서 외적인 관계에 있어서 더 가깝고 더욱 능력있다"라고 믿었다.

이를 위해 페닝톤은 다음과 같이 기록했다.

> 복음서에 기록된 주님은 당신의 백성과 함께 하시겠다고 약속하셨다. 밤에는 나그네로서가 아니라, 그들 안에 거하고 그들과 함께 할 것을 약속하셨다. 오, 만약 주님의 백성이 유혹을 당하고 어려움에 처할 때, 그들은 그 뒤에서 "이것이 그 길이니 그 안으로 걸어라"라고 들려오는 목소리를 들어야 한다.
>
> 그들이 이것을 성경과 함께 하나의 삶의 원리로 받아들일까? 아니다. 이는 [성경은] 인간의 마음에 더욱 확실한 방향을 제시하지 못한다.... 말씀을 주시는 성령이 말씀보다 더 크

다. 따라서 말씀이 우리에게 매우 달콤하고 귀하게 느껴질 수는 있지만, 성령을 증거하는 말씀보다 우리는 성령을 더 귀하게 여기고 우리의 마음과 생각에서 더 높은 자리로 모셔야 한다.[15]

페닝톤은 퀘이커교도들이 성경 말씀을 "달콤하고 귀한 것"으로 여긴다고 확신하지만, 그는 동일하게 내주하는 성령이 그리스도인의 삶과 사고를 위해 방향을 제시하는 데 있어서 성령을 최고의 권위자로 여겨야 한다고 철저하게 믿는다.[16]

성경의 권위와 성경 중심의 영성에 대한 이런 위협에 대응해서 청교도들은 다음과 같이 주장했다. 성경 저자들 가운데 임하는 성령의 역사의 특징은 독특하며 분명히 과거에 일어났던 일이었다. 이제 성령은 성경 저자들에게 감동을 줘서 기록한 말씀을 조명을 통해서 성도들이 이해하도록 하

---

15 *Letters of Isaac Penington* (2nd ed.; repr. London: Holdsworth and Ball, 1829), 202-03. 이 서신서를 볼 수 있도록 배려해준 온타리오 캠프리지의 Heinz G. Dschankilic에 진심으로 감사를 드린다.
16 Richard Land가 표시한 것 또한 살펴보라. Richard Dale Land, "Doctrinal Controversies of English Paricular Baptists (1644-1691) as Illustrated by the Career and Writings of Thomas Colier" (Unpublished D. Phil. Thesis, Regent's Park College, Oxford University, 1979), 205-11.

고 있으며 성경 저자들이 성령을 경험한 것들은 성경을 통해서 경험해 볼 수 있다. 수많은 청교도 관련 서적을 저술한 리차드 백스터(Richard Baxter, 1615-1691)는 다음과 같이 선언했다.

> 우리는 우리가 가지고 있는 영적 불안함으로 성경을 시험하지 말아야 한다. 다만 성경이 우리의 불안함을 시험하도록 해야 한다. 즉, 우리는 성령이 우리를 조명해서 말씀을 이해하도록 하기 전에, 이것이 더 완벽하지만, 또는 어떤 현재의 영감(inspirations) 이전에 성령이 사도들을 감동해서 성경을 기록하게 했다는 것을 더 선호해야 한다.
>
> 왜냐하면 그리스도가 사도들에게 그 영을 주셔서 우리에게 무호한 그의 명령을 전달하게 하셨고 오는 세대들에게 어떤 규칙(rule)을 정하셨기 때문이다. 그러나 그리스도가 우리에게 성령을 주신 것은 그 규칙을 이해하고 올바로 사용하도록 하기 위해서였다.
>
> 이처럼 성경을 통해서 성령을 시험하는 것은 성경을 성령 위에 놓는 것이 아니다. 다만 성령으로 성령을 시험하는 것이다. 그것이 성경 저자들 가운데 임했던 성령의 역사이고 사도들 가운데 임했던 성령의 역사와 우리를 위해 기록된

계시에 의해서 지금 성도들에게 주어진 계시다.[17]

청교도들의 관점에서 보면, 퀘이커도들은 성령과 말씀 사이에서 비성경적인 분열을 만들었다. 다른 청교도이자 런던 침례교도인 벤자민 키크(Benjamin Keach[1640-1704])는 다음과 같이 퀘이커교도들의 잘못을 지적하고 있다.

> 많은 사람들은 망상의 경계선에 있을 때, 자신이 성령과 빛과 파워를 가지고 있다고 확신한다. 성령은 언제나 기록된 말씀에 따라서 우리를 이끌고 방향을 제시한다. 그리스도께서 말씀하시기를, "그가 내가 너희에게 말한 모든 것을 생각나게 하시리라"(요 14:26).[18]

말씀의 영성에 대한 안전 장치를 고대하던 청교도들이 극도로 지나친 방향으로 가고, 그로 인해 그리스도인의 삶에서 성령의 역사에 대한 중요성을 망각하지 않도록 하기 위해서, 웨스트민스터 신앙고백서(1646)의 근간을 이뤘던 두 번

---

[17] Geoffrey F. Nuttall, *The Holy Spirit in Puritan Faith and Experience* (2nd ed.; Oxford: Basil Blackwell, 1947), 32에서 인용.

[18] *TROPOLOGIA: A Key to Open Scripture-Mctaphors* (London: Enoch Prosser, 1681), II, 312.

째 런던 고백서 1.5(the Second London Confession, 1677/1689)를 고려할 필요가 있을 것 같다.

"우리의 완전한 설득"과 성경의 "무오한 진리에 대한 확신"은 "하나님의 교회의 증거"로부터 오는 것도 아니고 성경의 "거룩함의 문제"와 "성경 교리의 효험"과 "성경의 장엄함"에서 오는 것도 아니다. 다만, 우리 마음에 말씀으로 그리고 말씀과 함께 증거하는 성령의 내주하는 역사가 하나님의 말씀이 진실로 그 말씀이 주장하고 있는 것이 사실임을 믿는 자들에게 확신하도록 만든다.[19] 이런 점에서 청교도의 영성은 말씀과 성령의 균형 잡힌 영성으로 오늘 우리에게 탁월한 모델이 될 수 있다.[20]

The God Who Draws Near: An Introduction to the Biblical Spirituality

---

19　William L. Lumpkin, *Baptist Confessions of Faith* (Rev. ed.; Valley Forge, Pennsylvania: Judson Press, 1969), 250.
20　성경과 성령의 관계에 대한 청교도와 퀘이커의 토론에 대해서 추가 참고 목록으로는 Peter Adam의 글을 참고하라. Peter Adam, *Word and Spirit: The Puritan-Quaker Debate* (London: St Antholin's Lectureship, 2001).

제6장

기도와 그리스도인의 삶

"영혼의 연습장"

개혁주의 전통에서 빼 놓을 수 없는 이름 중의 하나는 지난 세기 스코틀랜드자유교회의 목사였던 앤드류 알렉산더 보너(Andrew Alexander Bonar[1810-1892])다.[01] 지치지 않는 복음주의자였으며 하나님을 가슴으로부터 믿는데 있어서 챔

---

01 Andrew Alexander Bonar에 대해서는 특별히 Marjory Bonar의 책을 참고하라. Marjory Bonar, ed., *Andrew A. Bonar: Diary and Life* (1893 ed.; repr. Edinburg: The Banner of Truth Trust, 1984); Alastair Morrice, "Andrew Bonar: Reflections on his Diary," *The Rutherford Journal of Church & Ministry* 2, no.1 (Spring 1995), 18-20; Marjory Bonar, ed., *Andrew A. Bonar: The Good Pastor* (Belfast/Greenville, S. Carolina: Ambassador Publications, 1999). Andrew Alexander Bonar의 생애와 작품에 대해 특별히 주목할 만한 인터넷 사이트는 다음과 같다. www.newblehome.co.uk/bonar; 2007년 7월 12일 접속.

피언인 보너는 그의 절친한 친구인 로버트 M. 맥체인(Robert Murray M'Cheyne[1813-1843])이 쓴 보너의 자서전과 그의 일기를 통해 오늘 우리에게 특별히 기억이 되고 있다. 보너의 자서전과 그의 일기는 지금도 영성에 대한 고전으로 읽혀지고 있다.

특별히 보너의 일기는 마치 "개인기도에 대한 논문"과 같이 읽혀진다. 예를 들어, 글래스고우(Gasgow)에 있는 피니스톤자유교회(Finnieston Free Church)의 담임목사로 자신을 소개한 날, 보너는 46살이었는데, 그날의 일기에서 보너는 주님이 그를 새롭게 하셨다는 느낌을 다음과 같이 기록했다.

"나는 많은 영혼들과 공개적으로 함께 하는 것만큼이나 주님과 단 둘이 더 많이 있어야 할 것이다."

이렇게 목회를 시작한 지 몇 개월 뒤에 보너는 기도의 중요성에 대해서 이런 말을 했다.

> 기도가 너무 막힌 상황이 된지 벌써 열흘이 지나고 있다. 내 기력이 너무 약해져 있음을 느낀다. 나는 주님이 주시는 힘을 통해서 기도하고 말씀을 묵상하는 것에 적어도 하루에 세 시간을 보내던 때로 돌아가야 한다.[02]

---

02 David M. MacIntyre, *The Hidden Life of Prayer* (Tain, Ross-shire: Chris-

기도에 대한 다른 사람의 방법에 너무 세부적인 것까지 얽매이지 않는 것도 필요하지만, 때론 기도 시간이 얼마나 중요한지에 대해 보너가 그의 일기에서 보여준 것은 보너 자신이 그리스도인의 삶에서 기도의 우선순위를 얼마나 중요하게 여기고 있는지를 잘 보여준다고 할 수 있다. 물론 보너는 이런 기도에 대한 우선순위를 하나님의 말씀으로부터 배웠다.

예를 들어, 사도들이 사도행전 6:4에서 그들의 삶에서 우선순위가 무엇인지를 말할 때, 특별히 두 가지를 언급하는데, 그것이 바로 기도와 하나님의 말씀을 전하는 사역이였다. 그리고 무엇보다 기도가 먼저 언급되었다는 점은 매우 중요한 사실을 시사한다고 볼 수 있다.

이와 같이, 사도 바울은 로마서 15장에서 앞으로 있을 일에 대한 계획을 언급하며 결론을 내린다. 여기서 사도 바울은 로마에 있는 그의 독자에게 그가 말했던 것들 중에 몇 가지를 나누면서 자신을 위해 특별히 기도해줄 것을 부탁하고 있다.

> 형제들아 내가 우리 주 예수 그리스도와 성령의 사랑으로 말미암아 너희를 권하노니 너희 기도에 나와 힘을 같이

---

tian Focus Publications, 1989), xiii에서 인용.

하여 나를 위하여 하나님께 빌어 나로 유대에서 순종하지 아니하는 자로부터 건짐을 받게 하고 또 예루살렘에 대하여 내가 섬기는 일을 성도들이 받을 만하게 하고 나로 하나님의 뜻을 따라 기쁨으로 너희에게 나아가 너희와 함께 편히 쉬게 하라(롬 15:30-32).

사도 바울이 기도에 부여한 중요성에 대한 정도는 그가 이 구절들을 소개하는 독특한 면에서 찾아볼 수 있다. 바울은 '파라칼로'(parakalo)라는 동사를 사용하는데, ESV(*English Standard Version*)에서는 '호소하다'(appeal)로 번역하고 있지만, 이는 '간청하다'(beseech) 또는 '애원하다'(beg)로도 생각해 볼 수 있다. 동일한 단어가 로마서 12:1에서도 쓰이는데, 여기서 파라칼로는 그리스도인의 삶에 대해 전체적인 설명을 하는데 앞서서 인상적인 도입부의 핵심이다(롬 12-15:13).

그러므로 형제들아 내가 하나님의 모든 자비하심으로 너희를 권하노니 너희 몸을 하나님이 기뻐하시는 거룩한 산 제물로 드리라(롬 12:1).

그리고 로마서 15:30에서 이 단어를 반복적으로 사용하고 있다는 것은 바울이 기도에 대해서 그의 독자들이 꼭 알아야 할 우선순위로서 무엇인가가 있다는 것을 가리키는 것이다.[03] 바울이 동일한 독자들에게 그들 자신과 그들의 삶의 모든 것을 예배의 살아있는 제사로 드리라고 호소한 것처럼, 이제 바울은 그들에게 그의 사역을 위해 의미 있고 규칙적으로 기도해줄 것을 간절히 원하고 있다.[04]

그런 기도가 없다면 하나님을 섬기고자 하는 그의 소망은 완전히 좌절될 것이고 결과적으로 그의 섬김은 어떤 열매도 맺지 못할 것이라는 점을 암시하고 있다.[05] 엘리자베스 여왕 시대의 청교도인인 리차드 그린햄(Richard Greenham)은 그리스도인의 삶에서 "성령은 기도가 없이는 어떤 것도 얻을 수 없다는 점을 우리에게 가르친다"라고 기록하고 있다.[06]

기도하는 자로의 이런 부르심의 여러 가지 요인들을 자세

---

[03] Gordon P. Wiles, *Paul's Intercessory Prayers. The Significance of the Intercessory Prayer Passages in the Letters of St Paul* (Cambridge University Press, 1974), 266.

[04] Wiles, *Paul's Intercessory Prayers*, 81.

[05] 이와 유사한 언급은 살전 5:25; 고전 1:8-11; 엡 6:18-19, 그리고 골 4:2-4에서 볼 수 있다.

[06] *A short forme of catechizing in Workes of R. Greenham* (5th ed.; London, 1612), 237-38. R. Greenham의 생애와 사역에 대한 탁월한 연구는 John H. Primus 에게서 찾아볼 수 있다. John H. Primus, *Richard greenham: Portrait of an Elizabethan Pastor* (Macon, Georgia: Mercer University Press, 1998). 나는 Primus가 기록한 기도에 대한 Greenham의 언급에 관심이 많다. Primus, *Richard Greenham*, 138.

히 들여다보면, 특별히 세 가지 점을 알아야 할 필요가 있다.

① 바울이 그의 독자들에게 그를 위해 기도해 달라고 부탁할 수 있었던 근본적인 이유는 "주 예수 그리스도"와 "성령의 사랑"때문이다.
② 기도의 본질이다. 기도는 다름 아닌 몹시 힘들고 고단한 몸부림이다.
③ 바울이 기도를 요청한 것에는 특별한 필요가 있었는데, 이는 예루살렘에서 그의 사역과 궁극적으로 로마로 가려는 그의 사역을 중심으로 진행되는 것이었다.

1. "우리의 구주 예수 그리스도에 의해"

기도에 대한 이런 엄숙한 요청에 더해서 사도 바울이 이런 요청을 할 수 있었던 두 가지 기본적인 이유가 있다.

첫째, 바울이 그의 독자들에게 준 교훈은 "우리 주 예수 그리스도"에 의한 것이다.

여기서 바울은 자신과 그의 독자들이 함께 종으로 섬기는 한 분이신 주님의 권위를 언급하고 있다.[07] 실제로 그리스도가 그들의 주님이기 때문에, 그 주인의 왕국이 도래할 것과 그의 존귀한 이름을 찬양하는 그의 종을 위해 그들은 기도해야 한다.

바울은 여기서 중요한 것을 말하고 있다. 만약 어떤 사람이 자신을 그리스도인이라고 고백한다면, 바울은 그 사람을 기도하는 사람이라고 여긴다는 점이다. 바울에게 있어서 그리스도가 주인이라는 고백은 반드시 기도하는 자로서의 헌신을 포함한다.

리차드 백스터는 이 말을 "기도는 새로운 피조물의 호흡이다"라고 표현했다.[08] 그리고 백스터의 동시대인인 토마스 굿윈(Thomas Goodwin[1600-1680])은 "기도를 통해서 우리가 하나님께 말하는 것과 하나님이 그 기도에 응답하심으로 우리에게 말씀하시는 것은 하나님과 동행하는 삶의 매우 중요한 일부다"라고 말했다.[09]

18세기 말의 영향력 있는 침례교 신학자인 앤드류 풀러

---

[07] C. E. B. Cranfield, *A Critical and Exegetical Commentary on the Epistle to the Romans* (1979 ed.; repr. Edinburgh: T. & T. Clark, 1986), II, 776.
[08] MacIntyre, *The Hidden Life of Prayer*, 20에서 인용.
[09] *The Return of Prayers* [*The Works of Thomas Goodwin*, D. D. (Edinburgh: James Nichol, 1861), III, 362].

(Andrew Fuller[1754-1815])가 그의 사역 초기에 있었던 종교적 경험과 그가 기독교로 개종한 것을 묘사할 때, 그가 진정으로 거듭나는 경험을 하기 몇 년 전에 상당히 깊은 감정적이고 종교적인 경험을 했었다고 말했다. 이런 경험들은 엄청난 양의 눈물을 흘리게 했지만, 삶의 근본적인 변화를 일으키지는 못했다.

예를 들어, 풀러는 그런 경험을 한 뒤에 말하기를, "전적으로 기도 없이 살았고 전과 동일하게 죄와 뒤섞여지냈다"라고 말했다. 다른 경험 뒤에 풀러는 "기도를 소홀히 하는 삶을 지속했다"라는 점을 인정하고 그리스도인이 된다는 것은 기도하는 것이기 때문에, 그가 그 당시에 어떤 종교적 경험을 갖고 무엇을 고백했던지 그것은 참된 것이 될 수 없었다라고 올바른 결론을 내렸다.[10]

둘째, 바울은 진정한 그리스도인의 기도는 무엇보다도 삼위일체 하나님의 영광과 하나님 나라의 도래를 위한 것이라고 믿었다.

10　1798년에 Charles Stuart에게 보낸 편지. Michael A. G. Haykin, ed., *The armies of the Lamb: The Spirituality of Andrew Fuller* (Dundas, Onatario: Joshua Press, 2001), 62-64.

예를 들어, 구주 예수님이 당신의 제자들에게 그들의 기도에 어떤 내용들이 들어가야 하는지에 대해 넓은 의미의 가이드라인을 제시했을 때, 예수님은 우선 하나님의 이름을 높이고 바로 이 땅에서 하나님의 통치가 임할 것을 위해 기도해야 한다고 말씀하셨다.

> 하늘에 계신 우리 아버지여 이름이 거룩히 여김을 받으시오며 나라가 임하시오며 뜻이 하늘에서 이루어진 것 같이 땅에서도 이루어지이다(마 6:9-10).

따라서 그리스도의 권위 아래 있다는 것은 구체적으로 복음의 전파와 그리스도의 승리를 위해서 기도하는 것이다. 그래서 바울이 로마에 있는 그의 믿음의 동역자들에게 "주 예수 그리스도의 이름으로" 기도하라고 강하게 권면할 때, 바울은 그들에게 그들의 영적 상태를 각인시키고 있는 것이다. 그들은 그리스도의 종들 중에서 부르신 바 되었는데, 예를 들어, 남자와 여자들은 구체적으로 그리스도의 법의 도래를 추구하는 기도를 하도록 부름을 받았다.

따라서 이를 토대로 몇 가지 질문들을 생각해 볼 수 있겠다.

① 당신은 그리스도를 당신의 주님으로 고백합니까?
② 만약 그렇다면, 당신은 기도합니까?
③ 당신은 정기적으로 기도하고 있습니까?
④ 기도가 당신 삶의 우선순위입니까?
⑤ 어떤 기도가 당신의 기도의 주된 내용입니까?
⑥ 하나님의 나라가 도래하는 것을 위한 기도입니까?
⑦ 아니면 오로지 당신의 개인적인 필요와 소원과 관련된 기도입니까?

하나님이 우리에게 기도하고자 하는 마음과 의지를 주셔서 하나님을 영화롭게 하고 하나님 나라의 확장이 매일 매일의 삶 가운데서 분명히 나타나기를 기도하는 우리가 되기를 바란다.

2. 성령의 사랑으로

그리고는 바울은 로마의 교인들에게 "성령의 사랑"으로 기도할 것을 강권하고 있다. 이 구절은 성경에서 찾아보기 어려운 매우 독특한 표현이다. 신적 존재의 사랑에 대해서 말할 때, 다른 성경 본문은 주로 아버지의 사랑이나 그리스도의 사랑을 말한다.[11] 더욱이, 이 구절만으로는 바울이 무엇을 의미하는지 재빨리 이해하기가 어렵다.

이 말이 믿는 자들이 성령을 사랑한다는 말인가?

아니면, 성령이 믿는 자들을 사랑한다는 말인가?

그것도 아니라면, 성령이 믿는 자들로 하여금 다른 사람을 사랑하도록 만들어낸 사랑을 의미하고 있는가?

아주 소수의 주석가들은 첫 번째 견해가 가능하다고 말한다. 두 번째 견해는 많은 주석가들이 지지하는데, 그 중에서도 웨스트민스터신학교에서 평생을 가르치고 로마서에 대한 탁월한 주석을 저술한 장로교 신학자인 존 머레이(John Murray)가 있다.[12] 존 칼빈이 아마도 이 구절에 대해 가장 탁월한 해석을 하고 있다고 생각한다. 칼빈은 이 구절을 "성도가 다른 사람을 가슴에 품을 수 있도록 하는" 사랑이라고 해석했다.[13]

이 구절의 해석에서 바울은 다음과 같은 사실에 근거해서

---

[11] Gordon D. Fee, *God's Empowering Presence: The Holy Spirit in the Letters of Paul* (Peabody, Massachusetts: Hendrickson, 1994), 632.

[12] *The Epistle to the Romans. Volume II: Chapters 9 to 16* (The New International Commentary on the New Testament [Grand Rapids: William B. Eerdmans Publ. Co., 1965], 221).

[13] *The Epistles of Paul to the Romans and to the Thessalonians* (trans. Ross Mackenzie [1960 ed.; repr. Grand Rapids: Wm. B. Eerdmans Publ. Co, 1973], 317). 다음 책을 참고하라. Fee, *God's Empowering Presence*, 633.

자신의 주장을 펼치고 있다. 바울의 독자들은 성령이 거하는 자들이고 그런 점에서 그들은 성령이 믿는 자들 안에 다른 사람을 향해 만들어낸 사랑에 대한 무엇인가를 알고 있다.

따라서 바울은 하나님의 백성을 위한 사랑은 어떤 면에서는 그들을 위한 기도로 보여줘야 한다고 기대하고 있다. 이것을 사도 요한의 말로 바꾸어 표현하면 이럴 것이다. 하나님의 백성을 사랑한다고 말하면서 그들을 위해 기도하지 않는 자는 거짓말쟁이다.

3. 기도는 영혼의 경기장이다[14]

사실, 기도는 그리스도인의 삶 가운데 가장 어려운 것들 중 하나이다. 바울이 로마의 그리스도인에게 "너희 기도에 나와 힘을 같이하여 나를 위하여 하나님께 기도하기를" 요청한 것을 보면, 바울도 기도가 어려운 것이라는 점을 인식했다고 어렴풋이나마 짐작할 수 있다.

---

[14] Samuel zwemer(1867-1952). D. A. Carson, *A Call to Spiritual Reformation: Priorities from Paul and His Prayers* (Grand Rapids: Baker Books/Nottingham, UK: InterVarsity Press, 1992), 210에서 인용.

바울은 진정한 중보기도는 부담과 고된 몸부림을 포함한다고 말한다. 골로새서 2:1-3과 4:12에 이와 비슷한 개념이 나타나기는 하지만, "나와 힘을 같이하여"라는 이 구절은 신약성경에서 로마서 15:30에서만 쓰인다.

그렇다면 함께 씨름해야 할 것에는 무엇이 있을까?

우선, 우리 영혼의 대적인 사탄과 그를 추종하는 악한 영들과의 싸움을 생각해 볼 수 있다. 바울은 에베소서 6:12에서 이 싸움을 다음과 같이 표현했다.

> 우리의 씨름은 혈과 육을 상대하는 것이 아니요 통치자들과 권세들과 이 어둠의 세상 주관자들과 하늘에 있는 악의 영들을 상대함이라(엡 6:12).

사탄은 하나님의 백성이 기도하는 것을 싫어한다. 왜냐하면 사탄은 신실하고 포기하지 않는 기도는 전능하신 하나님의 손에 있는 강력한 무기라는 것을 알기 때문이다. 18세기 시인이며 찬송가 작사가인 윌리엄 카우퍼(William Cowper[1731-1800])는 다음과 같이 썼다.

> 기도를 제한하면, 우리는 싸움을 포기하는 것이다,
> 기도는 그리스도인의 갑옷을 반짝거리게 만든다,

그리고 사탄은 두려움에 떤다
가장 연약한 성도가 무릎을 꿇고 있는 것을 볼 때[15]

그러나 이 싸움에는 옛 사람과의 씨름도 있다. 청교도 설교자인 존 번연(John Bunyan[1628-1688])이 기도할 때 그 자신이 씨름하던 것을 묘사한 내용을 들어보자.

> 나의 경험에 대해서 말하려고 한다. 이를 통해 나는 하나님께 기도하는 것의 어려움을 말하려고 한다. 이로 인해 당신의 연약하고 눈멀고 육체적 사람들로 하여금 나의 낯선 생각을 즐기도록 만들기에 충분하다. 내 마음에 대해서 말하자면, 내가 기도할 때, 내 안에 하나님께 나아가기를 싫어하는 마음이 있다는 것을 안다.
> 그리고 하나님과 함께 있을 때에도, 내 마음은 하나님과 함께 머무는 것을 싫어하기 때문에, 여러 번 나의 기도에 다음과 같은 것들을 기도하도록 강요하게 된다. 먼저, 하나님이 나의 마음을 다스리시고 그리스도 안에서 내 마음을 하나님께 고정해 줄 것을 요청한다.

---

[15] "Exhortationi to Prayer" in John D. Baird and Charles Ryskamp, eds., *The Poems of William Cowper* (Oxford: Carendon Press, 1980), I, 169.

> 그리고 내 마음이 그리스도 안에서 하나님께 고정되면, 하나
> 님이 그 상태를 계속 유지해주시기를 기도한다(시 86:11). 많
> 은 경우에 나는 무엇을 위해 기도해야 할지 모른다. 왜냐하
> 면 나는 눈먼 자와 같기 때문이다. 나는 어떻게 기도해야 할
> 지 모른다. 왜냐하면 나는 무지한 자이기 때문이다. 오직 성
> 령이 우리의 연약함을 도우신다.
> 기도 시간에 마음 속에 있는 도망가고 싶은 마음! 누구도
> 자신의 마음 속에 얼마나 수 많은 크고 작은 생각들이 가득
> 차 있으며 그저 편안하게 누워있고 싶고 하나님의 임재로
> 부터 도망가고 싶어하는지 모른다.[16]

이 구절은 존 번연과 같은 청교도 저자들의 매우 매력적인 특징들, 즉 그들의 투명함과 인간의 마음에 대한 상당히 심오한 지식을 잘 보여주고 있다. 개인적인 경험들로부터 번연은 모든 믿는 자들의 가슴에 여전히 존재하는 하나님의 임

---

[16] *John Bunyan: The Doctrine of the Law and Grace unfolded and I will Pray with the Spirit*, Richard L. Greaves, ed. (Oxford: Clarendon Press, 1976), 256-57. 이 작품에 대한 최근에 나온 판을 보려면, 다음을 참고하라. John Bunyan, *Prayer* (Edinburgh: The Banner of Truth Trust, 1965). 이 작품에 대한 현대적이며 요약된 내용을 보려면, 다음을 참고하라. Louis Gifford Parkhurst, Jr., ed., *Pilgrim's Prayer Book* (Wheaton, Illinois: Tyndale House Publishers, Inc., 1986).

재에 대한 죄악된 본성의 알레르기적 반응을 알고 있다. 기도를 하기 위해 하나님의 빛나는 임재에 들어가기보다, 에덴 동산에서 죄를 지은 뒤의 아담처럼 인간은 도망가고 숨기를 원한다. 다른 말로 하면, 기도는 훈련된 고된 노력을 필요로 한다.

따라서 기도는 투쟁이다. 그러나 바울은 믿는 자들이 기도에 인내하고 인내하며 신실한 기도의 승리에 대해서 알아야 할 것을 기대한다.

왜 바울이 이런 기대를 할 수 있을까?

왜냐하면 그리스도인은 그리스도의 영이 함께 거하기 때문이다. 바울은 이미 이 사실을 로마의 그리스도인들이 그를 위해 기도에 함께 동참할 것을 호소하는 것으로 사용하고 있다. 그리고 만약 그리스도인들이 많은 승리와 기도에 있어서 한결같음을 알아야 하는 이유에 대해서 바울이 답을 한다면, 성령과 성령의 능력이 그의 대답의 중요한 내용이 될 것이다.

만약 성령이 없다면, 그 누구도 포기하지 않고 기도할 수 없을 것이다. 존 번연은 "성령의 도움을 받지 못하는 사람은 결코 그렇게 오랫 동안 기도할 수 없을 뿐만 아니라, 잠시라

도 달콤한 기도의 감각을 지속할 수 없다"라고 말했다.[17]

이런 투쟁과 기도의 훈련 가운데서 인내하는 모든 사람이 기억할 것은 그런 투쟁과 의무가 순전한 기쁨으로 변할 때 매우 놀라운 기쁨의 시간이 있다는 사실이다. 존 번연의 오랜 친구인 존 오웬(John Owne)은 에베소서 2:18("이는 그로 말미암아 우리 둘이 한 성령 안에서 아버지께 나아감을 얻게 하심이라")을 이런 관점에서 이해했다.

> 어떤 말로도 표현할 수 없고, 어떤 마음도 이런 말들 안에 담겨있는 친밀한 천상의 고요함과 영혼을 만족시키는 기쁨에 닿을 수 없다. 그리스도를 통하여 성령의 도움과 보조를 받음으로 아버지 하나님께 나아오는 것은 그를 우리의 아버지로 밝히는 것이고 우리가 아버지이신 하나님에게 나아갈 수 있도록 하는 것이다.
>
> 이 얼마나 달콤하고 만족스러움으로 가득한 삶인가![18]

---

17 Bunyan, *I will pray with the Spirit*, 259.
18 *A Discourse of the Work of the Holy Spirit in Prayer* (1682) [William H. Goold, ed., The Works of John Owen (850-1853 ed.; repr. Edinburgh: The Banner of Truth Trust, 1967), IV, 292-93]. John Owen의 기도에 대한 유익한 연구는 다음에서 찾을 수 있다. Sinclair B. Ferguson, *John Owen on the Christian Life* (Edinburgh: The Banner of Truth Trust, 1987), 224-31.

4. 기도에 필요한 구체적인 요구

바울은 로마의 그리스도인들이 자신을 위해 세 가지 내용에 대해 기도해줄 것을 부탁했다.

첫째, 바울은 복음을 거부하고 그리스도의 사도인 자신이 죽는 것을 간절히 바라던 광적으로 미친 유대인들로부터 자신을 안전하게 지켜줄 것을 위해 기도해 줄 것을 부탁했다.

로마서 15:31에 있는 이 바울의 기도 요청은 그가 예루살렘에 가게 될 때 긴장과 위험 가운데 노출될 것을 예상하고 있다는 것을 보여준다. 바울은 자신이 예루살렘에 올라가는 것이 하나님의 뜻인 것과 예루살렘에 갔을 때에 큰 어려움을 당할 것을 확실히 알고 있었지만(행 20:22-24), 그는 결코 자신의 생명을 무모하게 쉽게 포기하지는 않았다. 따라서 바울은 그의 형제와 자매들이 자신의 안전을 위해서 기도해줄 것을 요청했다.

둘째, 바울은 로마에 있는 그리스도인들이 "예루살렘에 있는 성도"들을 위해서 이방인 교회들로부터 모은 헌금을 예루살렘교회가 무사히 받을 수 있도록 기도해줄 것을 부탁했다(롬 15:26-27).

여기서 모아진 헌금은 바울이 몇 년에 걸쳐서 많은 교회로부터 예루살렘교회를 위해 받은 것이었다(고전 16:1-4; 고후 8-9). 바울에게 있어서 이 헌금은 그리스도 안에서 유대인과 이방인의 연합을 공고히 보여주는 것으로서 의미가 있었다.

셋째, 바울의 기도에는 궁극적으로 로마로 가서 그들과 함께 쉬면서 회복할 것을 기대하는 바울의 마음을 담고 있다.
여기서 바울이 생각하고 있는 바는 로마의 그리스도인들과 교제를 통해서 얻는 영적 회복과 앞으로 있을 사역을 준비하는 것이다(롬 15:24, 28). 이 세 번째 기도 요청은 앞의 두 가지 기도 요청의 이유이기도 하다. 다른 말로 하면, 앞의 두 가지 기도 요청은 복음이 확장되는 것을 더욱 간절히 바라도록 만드는 동력이 된다.

5. 더 빠른 기도 요청

자 이제 5년이나 그 이전으로 돌아가서 바울이 데살로니가에서 믿는 자들에게 유사한 기도의 부탁을 했던 것을 살펴보자.
데살로니가서는 고린도에서 기록한 것인데, 바울은 데살

로니가의 그리스도인들에게 다음과 같은 기도를 요청했다.

> 끝으로 형제들아 너희는 우리를 위하여 기도하기를 주의 말씀이 너희 가운데서와 같이 퍼져나가 영광스럽게 되고 또한 우리를 부당하고 악한 사람들에게서 건지시옵소서 하라 믿음은 모든 사람의 것이 아니니라(살후 3:1-2).

이에 따라 데살로니가의 믿는 자들이 바울을 위해 기도할 때, 하나님은 고린도를 찾아오셔서 부흥을 일으키셨고 그 도시로부터 바울을 쫓아내려는 유대의 지도자들로부터 그를 보호해 주셨을 뿐만 아니라, 로마 감독관인 갈리오(65년 사망)를 부지불식간에 사용하셔서 그 도시에 있는 교회를 돕도록 하셨다(행 18:12-16).[19]

그러나 이번 경우는 완전히 다른 결과가 생겼다. 바울은 예루살렘 성전에서 폭도들에 의해 거의 죽을 지경에 이르렀다. 그리고 결과적으로 로마 감옥에 갇히게 되었다. 바울은 팔레스타인에 있는 감옥에서 거의 2년을 지냈다. 이어서 로마로 아주 위험한 항해를 하게 되었고 로마의 수도에서 2년을 더 감옥에서 생활하게 되었다(행 18:21-28).

---

[19] 이 본문에 대한 주해는 제9장에서 확인할 수 있다.

그렇다면 바울이 그 백성의 기도에 하나님이 응답하지 않으셨다고 결론을 내렸을까?

결코 아니다.

로마서 15:32에 있는 "하나님의 뜻에 따라"라는 매우 중요한 단어들을 주의해서 살펴볼 필요가 있다. 사도 바울이 생각했던 것처럼 그리고 성경이 실제로 묘사하고 있는 것처럼, 기도는 하나님에게 주제넘는 요구를 하는 것이 결코 아니다. 기도는 하나님이 그 백성의 기도에 하나님의 방법과 하나님의 때에 따라서 응답하신다는 것을 언제나 인식하는 것이다.

성숙한 영적 기도는 하나님의 주권을 결코 떠나지 않는다. 하나님의 주권이 자신의 삶의 모든 순간순간 임한다는 깊은 통찰력은 기도해도 소용이 없다는 부정적인 운명론적 태도를 만드는 것이 아니다. 오히려 반대로, 바울은 하나님의 주권의 목적은 그 백성의 기도를 통해서 자주 성취되고 있다는 것을 알고 있다.

영국 침례교도 윌리암 케리(William Carey)의 친구인 토마스 브룬델(Thomas Blundel[1752-1824])은 하나님의 기도 응답에 대한 바울의 확신에 대해서 다음과 같이 분명하게 표현하고 있다.

하나님은 세상에서 당신의 뜻을 이뤄가기를 원하는 기도에 분명히 응답하신다. 하나님은 그런 기도가 없이도 일하실 수 있으시다. 그러나 하나님은 그런 기도가 없이 일하시지 않는 것만이 아니라, 기도가 없이 일하려고 하지도 않으신다.[20]

The God Who Draws Near:
An Introduction to the Biblical
Spirituality

---

[20] *The River of Life Impeded in his Sermons on Various Subjects* (London: J. Burditt, 1806), 183-84.

제7장

기독교의 묵상

"가슴을 뜨겁게 지피는 자"

수많은 성경학자들은 에베소서 5:18-21과 골로새서 3:16-17 사이의 유사점에 주의를 기울이고 있다. 에베소서에서는 "성령의 충만함을 받는 것"은 범사에 감사하고 그리스도의 몸 안에서 피차 복종함으로 그리스도의 몸을 고양시키는 예배를 드리는 것과 같은 결과를 가져온다. 골로새서도 이와 비슷하게 말하는데, 그 효과는 "그리스도의 말씀"이 풍성히 거하는 것을 특징으로 한다.

이 둘 사이의 연결고리가 무엇일까?

아마도 말씀이 성도들에 풍성히 거할 때, 성령이 믿는 자들에게 충만케 되고 그들의 삶을 다스리는 것이라고 볼 수

있다.⁰¹

유진 피터슨(Eugene Peterson)의 말을 들어보자.

> 기독교의 성경은 그리스도인들의 영성을 위한 가장 중요한 텍스트이다. 우리 개인의 영적인 삶은 개인의 환경과 연결해서 그 자신이 좋아하는 본문을 임의적으로 조합해서 만드는 것이 아니다. 우리의 영적인 삶은 성경의 본문을 따르는 성령에 의해서 형성된다. 하나님은 우리로 하여금 우리 개인의 영성을 주도적으로 형성하도록 만들지 않으셨다. 우리는 [살아있는] 말씀에 의해서 우리 안에 심겨진 계시된 말씀에 근거해서 자란다.⁰²

그리고 이런 방법으로 자라기 위해 다른 어떤 것보다도 말씀을 묵상하는 것이 필요하다. 우리는 어쩌면 기독교보다는 동방 종교의 관습들을 통해서 더 잘 묵상하곤 할지도 모른다. 그러나 기독교적이고 성경 중심의 묵상과 같은 그런 것이 있다.⁰³

---

01 말씀과 영의 관계에 대해서는 제5장을 참고하라.
02 Eugene Peterson, *Eat This Book: The Holy Community at Table with Holy Scripture* (Vancouver: Regent College Publishing, 2000), 9.
03 앞으로 나오는 묵상에 관한 내용에 있어서 나는 Nigel Westhead에게 큰

제7장 기독교의 묵상

1. 묵상이란 무엇인가?

분명한 것은 묵상은 공부하는 것과 똑같은 것이 아니라는 점이다. 종종 어떤 사람은 묵상을 열심히 말씀을 연구하면서 찾아낸 것을 고민하거나 "곱씹는 것"이라고 생각하기도 한다. 19세기 남장로교(Southern Presbyterian) 신학자인 로버트 데브네이(Robert Dabney[1820-1898])는 묵상은 "무엇인가를 연구하는 정신적 부산함이 아니라," 하나님과 하나님의 완벽하심에 대한 생각을 고민하는 것이다"라고 말했다.[04]

묵상은 거의 전적으로 생각을 포함하고 있는데, 왜냐하면 묵상은 동양의 묵상의 개념 안에 있는 것처럼 우리의 마음

도움을 받았다. Nigel Westhead, "Christian Meditation," *The Rutherford Journal of Church & Ministry*, 3, no.1 (Spring 1996), 11-13. 다음의 글 또한 참고하라. Simon K. H. Chan, "The Puritan Meditative Tradition, 1599-1691): A Study of Ascetical Piety" (Unpublished D. Phl. Thesis, Magdalene College, Cambridge University, 1986); Joel R. Beeke, "The Puritan Practice of Meditation" in his *Puritan Reformed Spirituality* (Grand Rapids: Reformation Heritage Books, 2004), 73-100; and Stephen Yuille, "Puritan meditation': The gateway from the head to the heart," *Eusebeia: The Bulletin of the Jonathan Edwards Centre for Reformed Spirituality*, 4 (Sprig 2005), 7-16.

04 *Discussions of Robert Louis Dabney* (1891 ed.; repr. Edinburgh: The Banner of Truth Trust, 1982), 1:645-46. Compare in this regard Psalm 19:14; 77:6.

을 비우는 비이성적 것이 아니기 때문이다. 그러나 묵상은 마음 그 이상의 것을 포함한다. 묵상은 "거룩한 감정을 향한 마음을 고양시키는 것"을 위해 고안된 것이다.[05]

그러나 묵상에 관해서 서구에 있는 그리스도인들에게는 큰 문제가 있다. 우리의 전반적인 교육 시스템은 "우리의 능력으로 무엇인가를 읽어서 정보와 기술을 습득하도록 우리를 훈련시켜왔다."[06] 따라서 우리는 읽는 습관을 개선해야 한다. 그래서 모든 단어를 음미하고 그것을 심사숙고하기 위해 천천히 읽는 것을 알아야 한다.

개신교 순교자인 토마스 크랜머(Thomas Cranmer[1489-1556])가 대림절의 두 번째 주일 모음집에서 하나님의 은혜로 성경 말씀을 "내적으로 잘 이해"할 수 있도록 구하는 부분은 묵상에 대해 잘 표현하고 있다고 볼 수 있다.

> 송축 받으실 주님, 주님은 모든 성경이 우리의 배움을 위해 씌여지도록 하셨습니다. 그래서 우리가 그런 방식으로 말씀을 듣고, 읽고, 표시하고, 배우고, 그리고 내적으로 말씀을 소화시

---

[05] *The Sermons of Thomas Watson* (Ligonier, Pennsylvania: Soli Deo Gloria, 1990), 200-01.

[06] Simon Chan, *Spiritual Theology: A Systematic Study of the Christian Life* (Downers Grove, Illinois: InterVArsity Press, 1998), 162.

키도록 허락하셨습니다. 당신의 거룩한 말씀을 인내와 평안함으로 우리는 받아들이고 더 나아가 우리의 구주 예수 그리스도를 통해 우리에게 주어진 영원한 생명에 대한 복된 소망을 빨리 붙잡을 수 있습니다.[07]

2. 묵상의 주제들

성경은 묵상을 위한 다양한 주제들을 제시하고 있다.

① 하나님의 율법과 계명(수 1:8; 시 119:23, 97).
② 하나님의 역사(시 77:12; 눅 2:19, 51[08]).
③ 정의와 진리(빌 4:8).
④ 하나님의 말씀(시 1:1-2).

---

[07] 이 내용은 Frederic Barbee와 Paul F. M. Zahl의 모음집에 나온다. C. Frederic Barbee and Paul F. M. Zahl, *The Collects of Thomas Cranmer* (Grand Rapids/Cambridge, U.K.: William B. Eerdmans Publ. co., 1999), 4.

[08] Nathanael Ranew는 눅 2장 본문에 대해서 다음과 같이 말하고 있다: 마리아는 "신약성경에서... 언급된 묵상에 관해서 주목할 만하고 특별한 모델이다: 우리는 마리아와 같은 정확하고 간결한 묵상의 모델을 찾을 수 없다"(*Solitude Improved by Divine Meditation* [1839 ed.; repr. Morgan, Pennsylvania: Soli Deo Gloria, 1995], 7).

⑤ 하나님의 위대함과 존귀함(시 145:5).
⑥ 하나님의 경이로움(시 119:27).

어쩌면 여기서 나열한 것들에 관해서 가장 분명한 것은 그런 주제의 중량감일 것이다. 모든 성경은 교훈을 위해서 하나님이 우리에게 주신 것인 반면에, 묵상하는 가운데 우리의 마음이 따뜻해지고 우리의 의지가 강해지도록 하기 위해 우리는 하나님의 말씀과 섭리의 "무한하고 광대하심"을 심사숙고하며 묵상해야만 한다.

따라서 영국 남동부의 에섹스(Essex) 시의 청교도 지도자로서 한 때 "존경받고 인정받던 신중한 성직자"라고 불리던 나다나엘 라뉴(Nathanael Ranew)는 우리에게 다음과 같은 것들을 묵상해야 한다고 조언했다.[09]

① 무한히 영광스럽고 모든 것에서 충족한 하나님, 아버지, 아들과 성령.
② 하나님의 창조 – 창조의 광대함과 창조세계 안에 존재하는 피조물의 다양함.
③ 피조물을 다스리시는 하나님의 주권과 천사와 사람들

---

[09] Ranew, *Solitude Improved by Divine Meditation*, 24–25.

가운데 임하는 하나님의 섭리.
④ 천사의 타락과 모든 인류.
⑤ 구속자인 그리스도에 의해 구속된 남자와 여자들과 그들의 영원한 구원.
⑥ 죽음과 최후의 심판과 천국과 지옥.
⑦ 그리스도의 명령과 은혜의 언약.
⑧ 우리의 영적 자산.

여기서 나열한 것들을 통해서 묵상의 능력과 묵상을 통해서 얻게 되는 복은 기술적인 면에 달려있는 것이 아니라, 묵상의 내용, 즉 진리 자체에 있음을 분명히 알 수 있다.

3. 묵상의 방법

우리가 묵상을 실제로 연습할 때 큰 도움을 받을 수 있는 많은 힌트들이 성경에 있다.

첫째, 우리는 혼자 조용한 장소에 있어야 한다.
이삭은 묵상을 위해 들판으로 나아갔고(창 24:63), 다윗은 침상에서 홀로 묵상했다(시 63:6).

둘째, 생각의 바른 기준을 가지고 묵상에 접근하는 것이 굉장히 중요하다.

묵상에서 우리가 하려는 것이 무엇인가?

살아계신 하나님을 추구하는 것이다. 우리는 하나님의 말씀 안에서 하나님의 음성 듣기를 원하고 하나님의 뜻을 우리 삶 가운데서 행하기를 원하고 원해야 한다.[10]

셋째, 성경을 지속적으로 읽을 수 있도록 계획을 세워야 한다.

여기서 중요한 것은 성경 말씀을 끊이지 않고 계속해서 접하는 것이다.

넷째, 성경 말씀을 암송하는 것은 묵상에 굉장히 큰 도움이 된다.

성경 말씀을 암송하는 것은 인간의 삶을 개조시킬 수 있는 영혼 안에 말씀을 깊숙이 심는 것이다.

다섯째, 묵상을 새롭게 시작하는 사람은 묵상의 주제인 본

---

10 James W. Sire, *Habits of the Mind: Intellectual Life as a Christian Calling* (Downers Grove, Illinois: InterVarsity Press, 2000), 154.

문을 크게 읽는 것이 좋고 묵상을 하는 동안에도 말씀을 반복해서 읽는 것이 매우 유익하다.

여섯째, 유익한 묵상을 하는 것은 시간을 필요로 한다.
따라서 바쁜 세상을 사는 그리스도인에게 묵상은 큰 도전임이 분명하다. 만약 어떤 사람이 묵상을 얼마나 오랜 시간 동안 해야 하는지 묻는다면, 청교도 토마스 왓슨(Thomas Watson[1690년 사망])은 다음과 같이 대답할 것이다.

> 만약 어떤 사람이 추울 때, 당신은 그가 불 옆에 얼마나 오랫 동안 서 있어야 하는지 물어봅니까?
> 물론, 대답은 그 사람의 몸이 완전히 따뜻해져서 그가 해야 할 일을 제대로 할 수 있을 때까지입니다.[11]

영혼을 위한 놀라운 일에 시간을 들여야 할 필요가 있다는 것은 라뉴의 다음의 말에서도 찾을 수 있다.

> 묵상은 급히 서둘러서 생각하는 것이 아니다.... 묵상은 반쯤 익은 열매를 수확하는 것이 아니다.... 우리는 (시간이 없어서)...

---

11 Westhead, "Christian Meditation," 12에서 인용.

익지도 않는 고기를 먹으려고 하지 않을 것이다; 몸을 위해서 올바르게 준비하지 않는다면, 그로 인해 죽지는 않을 수도 있지만, 디스템퍼(distempers: 전염병의 일종-역주)을 양산하는 것이 될 수 있다는 것을 알아야 한다.... (그렇다면) 왜 우리 스스로 우리 영혼을 위해 귀중한 열매를 설익은 채로 거둬야 하는가?[12]

그러나, 많은 시간을 들이는 것만이 묵상을 위한 유일한 방법은 아니다. 시편 기자는 종종 그가 '밤낮으로' 어떻게 묵상을 했는지 말하고 있다(시 1:2).

이는 그가 하루 종일 아무 것도 하지 않고 온 종일 묵상만 했다는 것을 의미하지는 않는다!

이 말은 오히려 시편 기자가 그의 일상의 삶 가운데서 하는 모든 일과 책임들을 이행하면서 그의 생각들을 자연스럽게 영적인 문제로 옮기려는 능력을 키웠다는 의미다.

일곱째, 묵상을 위해 찬송가를 사용할 수 있는데, 이는 찬송가가 우리를 인도하고 천국의 주제로 우리의 관심을 이끌 수 있기 때문이다.

---

12 Ranew, *Solitude Improved by Divine Meditation*, 42.

오늘날 드리는 예배의 추세에 몇 가지 부정적인 문제점에 대해서 글을 쓰는 것은 본서의 주제에서부터 너무 멀리 간 것이지만, 우리의 찬송가를 보전하는 것은 정말 중요하다는 점은 기억해야 한다.

여덟째, 묵상을 위해 추천된 본문의 내용에 대해 질문하는 방법을 배워야 한다.

예를 들어, 에드문드 클라우니(Edmund Clowney[1917-2005])는 요한복음 3:16과 관련해서 묵상을 하면서 다음과 같이 놀라운 질문을 던졌다.

"왜 요한복음 3:16을 '하나님이 그의 독생자 아들을 이처럼 사랑하사 그에게 이 세상을 주셨다'고 읽지 않을까?"

이런 질문을 하면서 본문을 묵상하는 것은 우리로 하여금 그 내용을 곱씹어보도록 하고 삶에 활력을 주는 비타민과 같은 복음의 진수를 불러일으킬 수 있다.

아홉째, 묵상은 본문 말씀에서 하나님의 음성을 듣고 그에 대한 반응으로 우리를 기도의 자리로 이끈다.

4. 묵상의 목적

특별히 시편은 묵상이 주는 효과와 유익에 대해 몇 가지 구체적인 정보를 제공한다. 그 첫번째 예로 인간의 마음에 중점을 두고 있는 시편에 의하면 묵상은 소망과 사랑과 기쁨과 같은 감정을 활발히 일으키는 목적으로 행해진다. 나타나엘 라뉴는 이에 대해서 다음과 같이 말했다.

> 바르고 진실한 묵상은 감정을 살리는 일이다. 머리가 행동을 함에 따라서 마음이 빛을 발한다.[13]

계속해서 라뉴는 묵상의 유익에 대해서 다시금 강조하고 있다.

> 묵상은 제단의 불을 살아있도록 만들고 번제를 사르도록 한다…. 묵상은 마음을 따뜻하게 하는 위대한 것이다….[14]

그래서 다윗도 그의 묵상을 통해서 그의 마음이 그 안에서

---

13 Ranew, *Solitude Improved by Divine Meditation*, 45.
14 Ranew, *Solitude Improved by Divine Meditation*, 72, 73.

"뜨거워서" 그가 묵상을 할 때, 그 마음에 "불"이 붙었다(시 39:3). 묵상과 감정은 따라서 매우 밀접하게 관련이 되어있다. 만약 감정이 올바르게 일깨워지면, 그 감정은 의지를 자극해서 행동하도록 한다. 다윗의 뜨거운 마음은 그로 하여금 기도하고자 하는 강한 열정을 불러일으켰다.

> 나의 혀로 말하기를 여호와여 나의 종말과 연한이 언제까지인지 알게 하사(시 39:3-4).

따라서 묵상과 기도는 함께 병행될 수밖에 없다. 그리고 시편의 시작인 위대한 시편 1편은 묵상의 목적을 순종하는 것으로 강조하고 있다. 여호와의 율법을 "주야로 묵상하는" 사람은 그 말씀을 기뻐하고, 그 자신을 "악인의 꾀"를 따르지 않도록 하며, "죄인의 길"에 서지 않고 "오만한 자의 자리"에 앉지 않는다.[15]

결국 묵상과 경건은 밀접한 관련이 있다는 것을 알 수 있다. 따라서 묵상은 개혁주의 작가와 설교자들이 오랫동안 "마음의 종교"(heart religion)라고 말하던 것을 발전시키는 중요

---

15 이에 관해서 수 1:8을 참고하라.

한 열쇠다. 이런 성경적 묵상 방법에 의해서 그리스도인은 진정한 기쁨과 즐거움(시1:2; 104:34)에 참여할 수 있고 영적 지혜와 통찰력(시 49:3; 119:97-98)을 얻을 수 있다. 이 점에 대해서 토마스 왓슨이 다음과 같이 탁월하게 기록하고 있다.

> 묵상은 세상에 왜 소수의 참된 그리스도인이 있는지에 대한 정확한 설명을 한다. 이를 테면, 극히 소수의 그리스도인들만이 묵상을 하기 때문에, 종교의 핵심과 영성의 대부분은 그 소수의 사람들에게 달려있다.[16]

5. 조나단 에드워즈-묵상의 모델

성경적 묵상에 대한 전설적인 모델은 18세기 미국 신학자인 조나단 에드워즈(Jonathan Edwards)다. 이 전에 언급한 틴데일(Tyndale)과 청교도들처럼,[17] 에드워즈도 다음과 같이 말했다.

---

16 *Sermons of Thomas Watson*, 240, 243.
17 제5장을 참고하라.

> [성경은] 사역자들을 깨우치도록 하는 빛이고 사역자들이 성도들에게 들고 나아가야 하는 빛이다. 그들은 자신들의 마음과 청중의 마음이 불타오르는 곳에서 불을 일으키는 불이다.[18]

당연히, 성경적 묵상은 에드워즈의 경건의 핵심이다. 에드워즈의 절친한 친구이자 에드워즈 전기의 저자인 사무엘 홉킨스(Samuel Hopkins[1721-1803])는 "자신이 알고 있는 바에 의하면, 에드워즈는 아무도 모르게 무릎을 꿇고 기도하고 하나님의 말씀을 읽고 그것을 묵상하는데 많은 시간을 쏟았다"라고 기록하고 있다.[19]

회심한 뒤 오래 지나지 않아서 에드워즈는 그의 『결심문』(*Resolutions*)으로 알려진 글을 썼는데(1722-1723), 이 글에서 에드워즈는 하나님과 하나님의 영광을 추구하는 열정을 항상 유지하는데 도움이 될 만한 70가지의 가이드라인을 가지고 항상 그것들을 삶 속에서 지키려고 자신에게 다짐을 했다.[20]

---

18 *The True Excellency of a Gospel Ministry* (*The Works of Jonathan Edwards* [1834 ed.; repr. Edinburgh: The Banner of Truth Trust, 1974], 2:959).

19 "The Life and Character of the Late Reverend Mr. Jonathan Edwards" in David Levin, ed., *Jonathan Edwards: A Profile* (New York: Hill and Wang, 1969), 39.

20 『결심문』에 대한 가장 최근 판에 대해서는 Stephen Nichols의 책을 참고하

홉킨스(Hopkins)는 에드워즈의 『결심문』은 "에드워즈의 삶의 기반이고 전 생애를 위한 계획으로 이해하는 것이 적합하다"라고 말했다.[21] 에드워즈가 비교적 젊은 시기에 쓴 것이긴 하지만, 그의 『결심문』은 진정한 영성에 대한 성숙한 이해를 알려줄 뿐만 아니라, 한 사람의 삶에서 증명된 열정과 열성을 가지고 추구해야 하는 성경적 영성의 방법을 잘 보여준다고 할 수 있다.

특별히 에드워즈의 『결심문』에서 성경을 다루고 있는 한 부분을 찾아볼 필요가 있다. "결심문 28"에서 에드워즈가 바라던 것은 그가 성경을 대하는 방법으로서 평생 동안 사용할 수 있는 방법을 찾는 것이었다.

에드워즈는 "성경을 아주 꾸준하게 지속적으로 자주 연구해서, 말씀의 지식에서 더 자라가는 내 자신을 찾을 수도 있고 쉽게 그런 나 자신을 인식할 수 있을 것이다"라고 말했다.[22] 에드워즈가 여기서 사용한 부사들, 즉 "꾸준하게(steadi-

---

라. Stephen J. Nichols, ed., *Jonathan Edwards' Resolutions and Advice to Young Converts* (Phllipsburg, New Jersey: P & R Publishing, 2001). 『결심문』은 17–26쪽에서 찾을 수 있다.

[21] "The Life and Character of the Late Reverend Mr. Jonathan Edwards" in Levin, ed., *Jonathan Edwards*, 7.

[22] 나는 John Piper의 결심문에 매우 관심이 있다. John Piper, "Saturate… Search," *The Standard* (March 1986), 36.

ly), 지속적으로(constantly), 그리고 자주 (frequently)"는 당연히 끊임없이 그의 마음을 성경에 잠기도록 하고자 하는 그의 바람을 잘 보여주고 있다.

22년 뒤인, 1744년 8월 30일에 로버트 아베크롬비(Robert Abercrombie[1780년 사망])의 안수식에서 설교할 때, 에드워즈는 조금 다른 단어들을 사용하긴 했지만, 그는 정확히 똑같은 정서로 말했다. 에드워즈는 "[복음의 사역자들은] 거룩한 성경에 매우 정통해야 한다. 그리고 거룩한 말씀을 연구하기 위해, 매우 부지런하고 엄격함을 가지고 능수능란하게 말씀에 정통하도록 해야 한다"라고 주장했다.[23]

"매우 부지런하고 엄격함"이라는 구절은 "결심문 28"에 있는 "꾸준하게 지속적으로 자주"라는 말과 동일한 것을 의미한다. 이 두 부분에서 에드워즈가 격려하려고 하는 것은 다름 아닌 마음과 생각이 성경 묵상을 연습하는 것을 통해서 얻어진 성경적 진리와 성경의 거대 담론(meta-narrative)에 푹 젖어드는 것이다. 이는 에드워즈가 회심 이후에 성경과의 만남을 묘사하는 세 번째 텍스트로부터 살펴 볼 수 있다.

이 세 번째 텍스트는 우리가 인용한 말씀을 에드워즈가 학문적으로 연구하는 것에서 멈춘 것이 아니라는 점을 분명히

---

23 *The True Excellency of a Gospel Minister* (*Works*, 2:959).

보여주고 있다.

> 그 때, 그리고 다른 때도, 나는 다른 어떤 책들보다 성경에서 가장 큰 기쁨을 얻었다. 성경을 읽을 때, 종종 모든 단어들이 나의 마음에 감동을 주었다. 나는 내 마음에 있는 어떤 것과 감미롭고 강력한 말씀 사이에 신비로운 조화를 느꼈다. 나는 자주 모든 문장이 발하는 놀라운 빛과 의사소통을 통해 얻은 매우 신선하고 기가 막힌 음식을 볼 수 있었던 것 같았다. 이런 것들은 단순히 성경을 읽는 것으로는 얻을 수 없었다. 나는 자주 한 문장을 오랫 동안 묵상하면서 그 안에 담겨진 놀라운 것들을 보았다. 그리고 거의 모든 문장은 놀라운 것들로 가득차 있는 것처럼 보였다.[24]

에드워즈의 청교도 유산의 하나인 하나님의 거룩한 말씀을 묵상하는 이런 방식은 그의 인생 말년에도 하나님과 동행하던 에드워즈의 삶의 가장 중요한 핵심이었다. 사무엘 홉킨스는 에드워즈에 대해 다음과 같이 말했다. 에드워즈는

---

[24] *Personal Narrative Letters and Personal Writings*, George S. Claghorn, ed., *The Works of Jonathan Edwards* (New Haven/ London: Yale University Press, 1998), 16, 797.

"지식에 굉장히 갈급했다. 에드워즈는 어떤 비용과 수고를 감수하면서라도 말씀을 더 깊이 알고자 몸부림쳤다." 따라서 에드워즈는 그가 구할 수 있는 "모든 종류의 책들, 특별히 성경을 읽었다." 그리고 홉킨스는 에드워즈의 성경에 대한 열정을 다음과 같이 더욱 강조했다.

> 에드워즈는 다른 어떤 종류의 책들보다도 성경을 연구했고 다른 성직자들이 하는 것보다 더 많이 성경을 연구했다. 성경에 대한 에드워즈의 놀라운 지식은 그의 설교와 그의 출판물에서 잘 나타난다. 그리고 성경을 연구하는데 들였던 그의 수고는 성경 본문에 대한 그의 설교 노트에서 분명히 드러난다.[25]

에드워즈가 성경을 평생동안 묵상하며 얻은 결과의 한 예를 에드워즈의 "여백 성경"(Blank Bible)이라 불리는 것에서 찾아 볼 수 있다. 에드워즈가 소유한 이 성경은 페이지마다 빈 종이를 끼워넣은 작은 글씨로 인쇄된 성경책이다.

빈 종이는 두 단으로 나뉘어져 있어서 에드워즈가 본문 바

---

[25] "Life and Character of the Late Reverend Mr. Jonathan Edwards" in Levin, ed., *Jonathan Edwards*, 40-41에서 인용.

로 옆에 설명을 적을 수 있도록 되어 있다. 에드워즈의 "여백 성경"에는 1730년부터 1758년 사이에 기록된 10,000개 가량의 항목이 성경 전체에 걸쳐서 기록되어 있다.[26]

에드워즈가 성경을 그의 삶 가운데 애지중지했던 것처럼, 하나님은 오늘날에도 성경을 소중히 여기는 복음주의자들인 우리들로 하여금 우리의 위대한 영적 선조들처럼 영적 묵상에 열심을 낼 수 있게 되기를 바라고 계신다!

The God Who Draws Near:
An Introduction to the Biblical
Spirituality

---

26 Stephen J. Stein, "The Spirit and the Word: Jonathan Edwards and Scriptural Exegesis" in Nathan O. Hatch and Harry S. Stout, eds., *Jonathan Edwards and the American Experience* (New York/Oxford: Oxford University Press, 1988), 121.

제8장

은혜의 방편으로서 영적 우정[01]

"영혼의 인도자"

우리의 문화는 깊고 오랫동안 지속하는 우정을 쌓고 돈독하게 하도록 크게 격려하는 그런 문화가 아니다. 이런 우정은 시간이 걸리고 희생이 필요하지만, 21세기 초반의 서구 문화는 너무 바쁘다. 바쁜 세상은 희생하고 주는 것보다는 받을 수 있고 소유하는 것에 더 큰 관심을 갖기 마련이다.

만약 깊고 진한 우정을 발견했다면, 대부분 여자들 사이에서의 우정일 것이다. 오늘 우리 문화에서 남자들 사이에서

---

01 본 장에 대한 더 앞선 판(version)은 다음에서 찾을 수 있다. "On Frendship," *Reformation Today*, 140 (July-Aug 1994), 26-30. 허락을 받고 사용했음을 알린다.

의 우정은 주로 피상적이고 깊지 않고 친밀하지도 않다.[02]

특별히 우정에 대한 이런 현실이 충격적인 이유는 서양의 기독교가 이런 서구 문화와 그리 다르지 않기 때문이다. 영어권의 영국 성공회 작가인 C. S. 루이스(C. S. Lewis[1898-1963])는 『스크루테이프의 편지』(The Screwtape Letters)라는 제목의 독창적인 소책자를 출간했는데, 이 책은 영적 전쟁을 우리의 원수의 관점에서 쓴 놀라운 주석이다.

이 책에서 고참 사탄인 스크루테이프가 그의 조카 웜우드(Wormwood)에게 쓴 편지가 있다. 이 편지에서 스크루테이프는 "근대 기독교 저술"에서 "세상에서의 헛됨과 친구 선택, 그리고 시간의 소중함에 대한 오래된 경고"를 거의 찾아볼 수 없다는 사실을 매우 즐거워하고 있다.[03]

루이스가 말한 것처럼 20세기의 기독교 문학에는 "세상에서의 헛됨"과 "시간의 소중함"에 대한 주제를 잘 다루지 않는다는 주장에 대한 옳고 그름의 여부는 더 따져봐야겠지만, 우정에 대한 주제만 놓고 보면 루이스의 지적은 분명히 정확하다고 볼 수 있다.

---

[02] Diogenes Allen, *Love: Christian Romance, Marriage, Friendship* (Cambridge, Massachusetts: Cowley Publications, 1987), 45-46.
[03] *The Screwtape Letter*, Letter 10 in *The Best of C. S. Lewis* (Washington, D.C: Canon Press, 1969), 43.

우정에 있어서 오늘날 이교도들과 그리스도인들 모두는 고대와는 매우 다르게 접근하고 있다. 고대에서 우정은 매우 중대한 것으로 간주되었는데, 이교도 철학자 플라톤(Plato[주전 428-348])은 우정의 중요성에 대해서 『뤼시스』(*Lysis*) 전체를 할애해서 기록했고, 『파이드루스』(*Phaedrus*)와 『향연』(*Symposium*)의 일부 내용에서도 우정의 본질에 대해서 다루고 있다. 고전 그리스 시대의 다른 핵심 사상가인 아리스토텔레스(Aristotle[주전 384-322]) 또한 우정에 대한 주제를 매우 진지하게 고려했는데, 이를테면 윤리학의 이슈들에 대한 그의 중요한 작품인 10권의 『니코마코스 윤리학』(*Nicomachean Ethics*) 중에서 두 권을 우정에 대한 논쟁에 할애할 정도였다. 물론 로마 시대에도 동일하지만, 이처럼 고대 그리스에서 우정을 중요하게 다룬 이유는 우정을 인간의 삶에서 가장 이상적인 것들 중의 하나라고 생각했기 때문이다.

1. 우정에 대한 성경 구절

성경에서 우정의 개념에 대한 장시간에 걸친 토론을 찾을 수는 없지만, 전도서 4:9-12과 같은 성경 구절에서 우정의 개념을 분명히 살펴볼 수 있다.

> 두 사람이 한 사람보다 나음은 그들이 수고함으로 좋은 상을 얻을 것임이라 혹시 그들이 넘어지면 하나가 그 동무를 붙들어 일으키려니와 홀로 있어 넘어지고 붙들어 일으킬 자가 없는 자에게는 화가 있으리라 또 두 사람이 함께 누우면 따뜻하거니와 한 사람이면 어찌 따뜻하랴 한 사람이면 패하겠거니와 두 사람이면 맞설 수 있나니 세 겹 줄은 쉽게 끊어지지 아니하느니라(전 4:9-12).

그 외에도 룻과 나오미 또는 다윗과 요나단의 우정과 같이 우정이 어떤 것이 되어야 하는지에 대한 놀라운 설명들이 성경에 많이 등장한다. 그리고 구약의 지혜서인 잠언에는 친구를 사귀고 지속적으로 관계를 맺는 것에 대한 많은 조언들이 있다.[04]

이런 식으로 성경 본문들을 읽으면, 성경이 우정을 삶의 매우 중요한 부분으로 다루고 있다는 인상을 분명히 받을 수 있다. 성경은 우정을 표현하는데 있어서 두 가지의 지속적

---

[04] 예를 들어, 잠 17:17에서 "친구는 사랑이 끊이지 아니하고"라고 말하고 잠 18:24은 우리에게 "어떤 친구는 형제보다 친밀하니라"라고 말하고 있다." 또한 잠 19:4-6; 22:11; 27:6, 9-10, 14, 17을 참고하라. Bruce Waltke, "Friends and Friendship in the Book of Proverbs: An Expoisition of Proverbs 27:1," *Crux*, 38, no. 3(September 2002), 27-42.

인 이미지를 사용하고 있다.[05]

첫째, 영혼을 함께 묶는 이미지다.

이에 대해서 가장 먼저 언급을 하고 있는 곳이 신명기다. 신명기 13:6에서 "너와 생명을 함께 하는 친구"라고 말하고 있는데, 이는 마음속에 품은 생각과 감정을 함께 하는 친구라는 말이다. 우정에 대한 이런 이미지의 반영에서 친밀함이라는 개념이 매우 중요함을 알 수 있다. 예를 들어, 사무엘상 18:1도 다윗과 요나단의 우정은 이런 친밀함을 잘 보여주고 있다.

> 다윗이 사울에게 말하기를 마치매 요나단의 마음이 다윗의 마음과 하나가 되어 요나단이 그를 자기 생명 같이 사랑하니라(삼상 18:1).

우정의 의미에 대해서 영혼을 함께 묶는 이런 이미지의 반영은 친밀함과 함께 강한 감정적 결합과 충성됨에 대한 생각

---

[05] "Friendship," *Dictionary of Biblical Imagery*, Leland Ryken et al, eds. (Downers Grove, Illinois: InterVArsity Press, 1998), 308-09.

을 불러일으킨다.[06] 놀랄 것도 없이, "친구"라는 말은 자연스럽게 주 안에서 믿는 자들 또는 형제와 자매를 지칭하는 다른 이름이 될 수 있다(요삼 14절을 보라).

둘째, 성경이 우정에 대해서 보여주는 이미지는 얼굴과 얼굴을 대면하는 것이다.

이는 문자적으로 하나님과 모세의 관계에서 사용된 이미지라고 볼 수 있다. 성막에서 하나님은 모세와 "사람이 자기의 친구와 이야기함 같이 얼굴과 얼굴"을 대하고 말씀하셨다(출 33:11; 민 12:8). 얼굴과 얼굴을 대면하는 이미지는 대화를 암시하는데, 서로에 대한 신뢰를 함께 공유하고 그 결과로 생각과 목적, 방향에 대한 합의점을 찾는 것이다.

신약성경에서는 요한이서를 기록한 장로가 12절에서 그의 독자에게 그들에게 가서 "대면하여" 말하기를 원한다고 말한 부분에서 이와 유사한 아이디어를 찾을 수 있다. 친구들 사이에서 이처럼 얼굴과 얼굴을 대면하는 것에서 얻을 수 있는 유익은 그런 때에 우정이 만들어내는 효과적인 통찰력

---

[06] R. Paul Stevens, "Friendship" in Robert Banks and R. Paul Stevens, eds., *The Complete Book of Everyday* Christianity (Downers Grove, Illinois: InterVarsity Press, 1997), 439.

이다. 잠언도 우정에 대해 매우 잘 설명하고 있다.

> 철이 철을 날카롭게 하는 것 같이 사람이 그의 친구의 얼굴을 빛나게 하느니라(잠 27:17).

2. 바울과 디모데

신약성경, 특히 바울 서신은 그리스도인의 우정과 교제가 영적 강인함을 진작시킬 수 있는 효과적인 요인들 가운데 하나라는 사실을 확실히 증거하고 있다. 바울 서신을 읽으면 읽을수록, 당신은 바울이 동료나 친구나 지인 없이 홀로 있었던 때를 거의 발견할 수 없다는 사실을 더 많이 알 수 있을 것이다.

18세기의 작가이며 사전 편찬가인 사무엘 존슨(Samuel Johnson[1709-1784])은 한 때 그의 친구 존 호킨스(Sir John Hawkins) 경에 대해 '가장 비사교적인 사람'이라고 말했다. 그런 말은 사도 바울의 경우에는 해당되지 않는다. 사도 바울은 매우 "사교적"이고 남과 어울리기를 좋아하는 사람이어서 언제나

"동료들과 함께 머물면서 그 그룹 안에서 즐거워했다."[07]

그리고 그의 동료들 가운데 가장 절친한 사람은 디모데였을 것이다. 비록 디모데가 20살 정도이기 때문에, 바울의 후배였지만, 디모데는 사도 바울의 가장 가까운 친구가 되었다. F. F. 브루스(F. F. Bruce[1910-1990])도 바울과 디모데의 우정에 대해서 다음과 같이 말했다.

> [디모데는] 그가 소중히 여기던 그의 개인적인 야망이 무엇이든지 간에 바울을 위해 모든 것을 기꺼이 포기할 준비가 되었다. 그래서 자신의 온 열정을 쏟고 있는 사람들을 아무런 사심없이 걱정하는 것을 보여준 바울의 삶을 보면서 디모데는 바울의 아들 역할을 하고 바울이 선교사로서 활동할 수 있도록 도우려고 했다.[08]

디모데는 바울의 사역팀에 일찍 합류했는데, 이때가 아마도 바울의 2차 전도여행 기간인 주후 48년에서 49년 사이로 추정된다(행 16:1-3을 보라). 디모데가 바울과 함께 선교여행

---

[07] F. F. Bruce, *Paul: Apostle of the Heart Set Free* (Grand Rapids: William B. Eerdmans Publishing Co., 1977), 457.
[08] Bruce, *Paul: Apostle of the Heart Set Free*, 457.

을 할 때, 디모데는 바울의 "나의 교훈과 행실과 의향과 믿음과 오래 참음과 사랑과 인내와 박해를 받음과 고난"을 직접 목격했다(딤후 3:10-11). 이 두 사람이 오랜 시간을 함께 보내면서, 디모데의 영혼은 바울의 영혼을 그대로 비춰내고 그의 마음은 사도 바울의 생각의 파장(wavelengths)에 점점 더 맞춰졌다.

따라서 바울을 통해 누렸던 디모데의 우정은 하나님이 젊은 디모데를 성화시키는 수단이었다. 하나님은 디모데에게 바울과의 우정을 통해서 하나님과 복음에 대한 생각의 풍성함을 계속 증가시키셨고 거룩함과 그리스도를 닮아가고자 하는 열망이 그 안에서 점점 커지도록 하셨다.

고린도전서 15:33에서, 바울은 고린도교회 교인들이 "악한 동무들은 선한 행실을 더럽힌다"라는 사실을 깨달아야 할 것을 촉구했다. 악한 사람들과 친밀한 우정을 갖는다는 것은 반드시 우리의 삶에 부정적인 영향을 끼칠 것이다. 반대로, "좋은 친구는 좋은 행실을 진작시킨다"라고 말할 수 있겠다.

틀림없이 바울이 디모데에게 이렇게 좋은 영향을 미쳤을 것이다. 매우 경건한 삶을 살았던 18세기의 침례교인인 사무엘 피얼스(Samuel Pearce[1766-1799])가 의회주의자였던 윌리암 제이(William Jay[1769-1853])에게 미쳤던 영향 또한 이와 같았을 것이었다. 제이는 19세기 초에 영국의 베스(Bath) 지역에서 매우 영향력 있는 사역을 했었는데, 제이는 피어스가 살아있었을 때 그를 마지막으로 본 자리에서 이렇게 말했다.

"이 분과의 연합이 그 영혼 위에 내려앉는다면 이 얼마나 감미로운 은혜인가!"[09]

마우리스 로버츠(Maurice Roberts)는 "우리의 최고의 친구들은 우리가 죄를 짓는 것을 두려워하도록 만든 자들이었다"라고 말했다.[10]

디모데와 가진 바울의 우정이 얼마나 진지했는지를 더욱 확실히 보여주는 본문은 빌립보서 2:19-22일 것이다. 빌립보교회는 틀림없이 교회 안에서 분열을 경험했던 것으로 보인다. 빌립보서 4장에서 바울이 유오디아와 순두게에게 "주 안에서 같은 마음을 품으라"(2절)고 권하는 것은 이 교회에 나타난 분열의 모습을 분명히 보여주는 것이다. 따라서 빌립보서 2장에서 바울이 이 문제를 해결하기 위해 상당한 분

---

[09] *The Autobiography of William Jay*, eds. George Redford and John Angell James (1854 ed.: repr. Edingburgh: The Banner of Truth Truth, 1974), 372, 373. 이 문단을 쓸 때, Maurice Roberts에서 매우 큰 도움을 받았다. Maurice Roberts, *The Thought of God* (Edinburgh: The Banner of Truth Trust, 1993), 175-76.

[10] Roberts, *Thought of God*, 176.

량을 할애하는 것을 볼 수 있다.

바울은 빌립보교인들에게 "마음을 같이"하라고 권하면서 시작하고 있는데, 특히 이 구절은 빌립보서 4:2에서 바울이 사용하고 있는 구절과 본질적으로 동일한 것이다. 또한 바울은 "같은 사랑을 가지고 뜻을 합하며 한마음을 품어" 각각 자기의 일을 돌아볼 뿐만 아니라 또한 각각 다른 사람의 일을 돌아볼 것을 권하고 있다(빌 2:2-4).

이런 교훈을 설명하고 이해시키기 위해서 바울은 빌립보교인들로 하여금 그리스도의 교훈을 묵상하도록 권하고 있다. 그리스도는 생각과 마음을 자기의 관심에 두지 않고, 타락한 인간에게 온전히 맞췄다. 그래서 그리스도는 완전한 하나님임에도 불구하고 "자신을 비우셨다"라는 사실을 수많은 죄인들에게 말씀하셨다. 그리스도는 성육신으로 이 땅에 오셨고 기꺼이 그리고 겸손하게 인간의 모든 죄를 짊어지시고 "죽기까지 복종하셨으니 곧 십자가에 죽으심이라"(빌 2:7-8).

그러나 사도 바울은 그리스도의 사역을 나열한 뒤에 다른 사람들을 생각하는 주제를 제일 큰 관심사로 말하지는 않았다. 빌립보서 2:19-22에서 바울은 마음을 같이하는 것과 마음으로부터 다른 사람들을 생각하는 것의 두 번째 모델을 주고 있다. 이번에는 그의 친구 디모데에게 초점을 맞추고 있다.

> 내가 디모데를 속히 너희에게 보내기를 주 안에서 바람은 너희의 사정을 앎으로 안위를 받으려 함이니 이는 뜻을 같이하여 너희 사정을 진실히 생각할 자가 이밖에 내게 없음이라 그들이 다 자기 일을 구하고 그리스도 예수의 일을 구하지 아니하되 디모데의 연단을 너희가 아나니 자식이 아버지에게 함같이 나와 함께 복음을 위하여 수고하였느니라(빌 2:19-22).

바울이 여기서 사용한 단어나 구절들은 그가 그리스도를 닮은 모델로서 디모데를 추천하고 있음이 분명히 드러난다. 바울이 알고 있는 다른 사람들과 달리, 디모데는 빌립보 교인들의 상황을 진심을 다해 보살피고 있다. 디모데는 정말로 다른 믿는 자들의 필요에 대해 관심이 있고, 어떤 점에서든지 그것으로 자신의 유익을 추구하지 않았다.

엄밀히 말해서 디모데는 그리스도의 마음을 보여주고 있다. 따라서 바울은 20절에서 그런 디모데를 바울 자신과 뜻을 같이하는 사람으로 묘사하고 있다. 그리스도와 같이 되려는 디모데의 간절한 소원으로 인하여 그는 바울의 마음과 생각을 완전히 함께 나누는 사람이 되었고 따라서 디모데는 바울이 전적으로 믿을 수 있는 동료이며 친구였다.

그들의 연령 차이 때문에, 바울은 자연스럽게 디모데에게 아들처럼 말했다. 바울은 계속해서 디모데는 "그의 아버지와 아들같이" 바울과 함께한 사역을 통해서 그의 가치를 증명했다고 말하고 있다.

그러나 바울은 디모데가 자신을 섬기는 것이 아니라 복음을 섬기고 있다는 점을 분명히 말하고 있다. 바울은 언제나 자신이 다른 사람의 믿음의 주님이나 주인으로 비춰는 것을 극히 경계하는 것에 힘을 쏟았다. 디모데는 바울을 섬긴 것이 아니었다. 그들은 함께 하나님 앞에 동등하게 복음의 주인인 그리스도를 섬겼다.

따라서 우리는 빌립보서의 이 본문에서 바울이 디모데와의 우정을 높이고 우정은 마음과 생각의 조화를 기반으로 하고 있다는 것을 분명히 볼 수 있다. 이런 조화가 없이는 친밀한 우정을 찾아볼 수가 없다.

3. 기독교 전통에서 살펴본 우정에 대한 개관

신약 시대 이후 곧바로 이어진 로마 제국 시대를 통틀어서 몇 세기 동안 이뤄진 교회의 확장도 이런 깊은 우정의 진가를 무력화시키지 못했던 사실을 확인해 보는 것은 매우 유익하다. 가족, 친구, 지인과 심지어 원수를 포함해서 모든 남자와 여자에게 사랑을 보여줄 것을 강조하는 기독교임에도 불구하고 우정은 여전히 높은 가치를 지니고 있다고 볼 수 있다.

사실, 모든 그리스도인들이 그리스도 안에서 연합한다는 사실을 강조하는 것은 그리스 로마 이교도들이 진정한 우정을 경험함에 있어서 필수적인 것으로 간주되는 친밀함과 유사하고, 심지어는 그것을 뛰어넘는 높은 수준의 영적 친밀감을 강조하는 것이다.[11]

4세기 그리스 신학자인 나지안주스의 그레고리(Gregory of Nazianzus[주후 329-389])는 주후 350년경에 아테네에서 학생으로 공부하던 시간 동안 함께 했던 가이사랴의 바실(Basil of Caesarea[주후 330-379])과 그의 우정에 대한 글을 썼다.

> 공부하고, 숙소에 머물고, 토론하는 동안 나는 그를 친구로 대했다.... 우리는 모든 일에 공통점이 있었다. 그러나 무엇보다도 그 공통점은 하나님이다. 물론, 우리를 서로에게 데리고 가는 더 높은 것을 향한 상호열망이었다. 그 결과로 우리는 우리 마음에 살고 있는 것을 밝히고 우리

---

11 Carolinne White, *Christian Friendship in the Fourth Century* (Cambridge: Cambridge University Press, 1992), 57.

의 갈망 안에서 더욱 하나가 되어가는 확신의 단계에 이를 수 있다.[12]

우정에 대한 이런 평가를 감안한다면, 그레고리가 "만약 누군가 나에게 "인생에서 가장 좋은 것이 무엇입니까?"라고 물어본다면, 나는 '친구'라고 대답할 것입니다"라고 말했던 것은 전혀 놀라운 일이 아니다.[13]

근세 시대 초기에 차갑고 가혹하고 애정이 없다는 부당한 평가를 받았던 존 칼빈(John Calvin)도 우정의 진정한 가치를 인정했다. 프랑스 개혁주의 역사가인 리차드 스토퍼(Richard Stauffer)는 종교개혁 시대에 "칼빈처럼 많은 친구를 가졌던" 사람은 거의 없다고 회상한다.[14] 칼빈의 가장 가까운 친구들 중에 두 명은 그의 친구 개혁주의자였던 윌리암 파렐(William Farel[1489-1565])과 피에르 비레(Pierre Viret[1511-1571])였다.

이 두 사람과의 우정을 즐기던 칼빈은 『디도서 주석』 서문에서 다음과 같이 썼다.

---

12 De vita sua 225ff. (trans. Denise Molaise Meehan, *Saint Gregory of Nazianzus: Three Poems*, The Fathers of the Church, vol. 75 [Washington, D.C.: The Catholic University of America Press, 1987], 83-84).
13 White, *Christian Friendship*, 70에서 인용.
14 Richard Stauffer, *The Humanness of John Calvin* (trans. George H. Shriver [Nashville: Abingdon Press, 1971], 47).

> 우리가 사역에서 함께 하며 가졌던 것처럼 이 세상에서 매일 매일의 삶 가운데 우리가 누리는 이처럼 깊은 우정을 누리며 사는 그런 사람들이 있을 수 있다는 것을 나는 믿지 않는다. 나는 여기서 당신들 둘과 함께 목사의 직분으로 섬기고 있다. 우리 안에는 결코 어떤 질투도 없다. 나에게는 당신 둘과 나는 한 사람인 것처럼 보인다…. 그리고 눈에 보이는 증거와 신실한 권위를 통해서 그리스도의 이름에 헌신해 온 것과 오늘날 그리스도의 교회에 유익이 된 것과 다른 어떤 목적이 아닌 그리스도 안에서 우리가 하나되는 것이 우리가 이해하는 것이며 성경적 우정임을 지금까지 사람들 앞에서 보여주고 있다.[15]

이런 형제애의 우정은 이 세 명이 주고 받은 서신들 가운데 잘 드러난다. 칼빈이 파렐에게 보낸 163통의 편지와 파렐이 칼빈에게 보낸 137통의 편지와 칼빈이 비레에게 보낸 204통의 편지와 비레가 칼빈에게 보낸 185통의 현존하는 편지가 이를 반영하고 있다. 이런 매우 귀중한 서신에는 신학적인 문제와 교회적 문제에 대한 솔직한 토론만 있는 것이 아니라, 그들의 개인적인 삶의 문제들과 관련된 진솔한 고백도 들어있다.

---

15 Stauffe, *Humanness of Calvin*, 57에서 인용.

한 가지를 예를 들어보도록 하겠다. 1552년 1월 27일, 칼빈은 파렐에게 편지를 써서 파렐의 설교가 과도하게 길다는 보고를 듣고서 그를 꾸짖었다. 칼빈은 그의 친구에게 다음과 같은 말로 파렐의 문제를 상기시켰다.

"당신은 종종 이렇게 길게 설교하는 것이 잘못인 것을 알고 있다고 말했고, 당신도 그것을 고쳐야 할 것이라고 말했습니다."

칼빈은 계속해서 파렐에게 설교의 분량을 줄일 것을 권면했다. 그렇지 않으면 이렇게 긴 설교로 인해 사탄이 파렐의 실패를 사용할 것이고 그의 사역을 통해서 일어난 좋은 결과들을 파괴할 것이다.

4. 두 명의 침례교 친구들

성경적 우정에 대한 또 하나의 탁월한 예는 존 릴랜드 쥬니어(John Ryland, Jr.[1753-1825])와 앤드류 풀러(Andrew Fuller)의 우정이다. 1781년부터 1793년까지 릴랜드는 그의 아버지 존 랠랜드(John Ryand, Sr[1792년 사망]) 경과 함께 노쓰앰턴(Northampton)에 있는 칼리지레인침례교회(College Lane Baptist

Church) 목회 지도자들 중의 한 명이었다.[16]

1793년 말에 릴랜드는 영국 브리스톨에 있는 브로드미드 침례교회(Broadmead Baptist Church)의 목회자와 브리스톨침례교학교(Bristol Baptist Academy)에서 교장으로 섬기도록 부름을 받아서 릴랜드는 두 직분을 모두 동시에 섬기게 되었다.

그리고 1825년 소천하기 전까지 릴랜드는 이 두 곳을 섬겼다. 이제 릴랜드가 섬겼던 모든 기관들은 그 지역에서 가장 큰 침례교 그룹으로서 영국에 있는 킬빈주의 침례교단의 일

---

[16] John Ryland Jr.에 대한 초기 회고록은 Robert Hall Jr.(1761-1834)이 Ryland Jr. 장례식에서 전한 설교의 결론에서 찾아볼 수 있다. The: "A Sermon Occasioned by the death of the Rev. John Rylnad, D.D., preached at the Baptist Meeting, Broadmead, Bristol, June 5, 1825," in Olinthus Gregory and Joseph Belcher, eds., *The Works of the Rev. Robert Hall, A. M.* (New York: Harper & Brothers, 1854), I, 213-24. 19세기 후반에, James Culross가 John Ryland, Jr의 삶과 사역에 대한 경험을 말하면서 매우 의미로운 헌신을 했다. James Culross, *The Three Rylands: A hundred years of various Christina service* (London: Elliot Stock, 1897), 69-91. 가장 최근의 것으로는 Grant Gordon의 글을 참고하라. Grant Gordon, "John Ryland, Jr. (1753-1825)" in Michael A. G. Haykin, ed., *The British Paricular Baptist, 1638-1910* (Springfield, Missouri: Particular Baptist Press, 2000), 76-95.
John Ryland, Jr.의 신학에 대한 조사는 Champion의 탁월한 연구 결과에서 도움을 받을 수 있다. L. G., Champion, "The Theology of John Ryland: Its Sources and Influences," *The Baptist Quarterly*, 28 (1979-1980), 17-29. Champion은 또한 John Ryland, Jr.와 John Newton의 의미심장한 우정에 대해서도 연구했다. L. G., Champion, "The Letters of John Newton to John Ryland," *The Baptist Quarterly*, 27 (1977-1978), 157-63.

부가 되었다. 릴랜드의 오랜 친구들 중에 가장 절친한 친구는 앤드류 풀러(Andrew Fuller)였다.[17] 풀러는 캠브리지셔(Cambridgeshire)에 있는 작은 농촌 마을인 위켄(Wicken)에서 태어났다. 그의 부모님은 로버트 풀러(Robert Fuller[1723-1781])와 필립파 군톤(Philippa Gunton[1726-1816])인데, 이들은 낙농장에 딸린 땅을 빌려서 농사를 짓던 농부였다.

1761년 풀러의 부모님은 소함(Soham)이라는 가까운 거리에 있던 곳으로 이사를 갔는데, 여기에서 풀러와 그의 가족은 정기적으로 그 지역에 있던 칼빈주의 침례교회에서 예배

---

[17] Fuller의 생애에 대해서는 John Ryland Jr.의 고전 연구를 참고할만하다. John Ryland, *The Work of Faith, the Labour of Love, and the Patience of Hope Illustrated; in the Life and Death of the Reverend Andrew Fuller* (London: Button & Son,, 1816). 이 전기의 두 번째 판은 1818년에 동일한 출판사에 의해 출간되었다. *The Work of Faith, the Labour of Love, and the Patience of Hope, illustrated; in the Life and Death of the Rev. Andrew Fuller, henceforth cited as Life and Death of the Rev. Andrew Fuller* (2nd ed.)
더욱 최근의 연구를 원하면 Phil Roberts의 글을 참고하라. Phil Roberts, "Andrew Fuller" in Timothy George and David S. Dockery, eds., *Baptist Theologians* (Nashville; Broadman Press, 1990), 121-39; Peter J. Morden, *Offering Christ to the World: Andrew Fuller (154-1815) and the Revival of Eighteenth-Century Paricular Baptist Life* (Carisle, Cumbria U.K./ Waynesboro, Georgia: Paternoster Press,2003); and Michael A. G. Haykin, ed., "At the Pure Fountain of Thy Word": *Andrew Fuller as an Apologist* (Carlisle, Cumbria, U.K./ Waynesboro, Georgia: Paternoster Press, 2004).

를 드리기 시작했고 1769년 11월에 풀러가 회심했다.

그 다음해 봄에 침례를 받은 뒤, 풀러는 소함교회의 일원이 되었다. 1774년 풀러는 이 교회에서 목회자로 섬기도록 부름을 받았다. 그는 1782년까지 이 교회를 섬기다가 케터링(Kettering)에 있는 칼빈주의 침례교 회중의 목회자가 되었다.

소함에서 목사로 섬기던 시간은 풀러가 자신의 신학적 관점을 형성할 수 있었던 매우 중요한 시기였다. 이 기간에 풀러는 무오한(infallible) 성경의 권위 아래 살려고 몸부림을 쳤던 미국의 죠나단 에드워즈(Jonathan Edwards)의 설교를 평생 연구할 수 있는 기반을 만들었다.

에드워즈의 영향으로 인해 그의 절친한 친구인 존 릴랜드 쥬니어는 풀러를 "우리 교단에 속한 가장 신중하고 능숙한 신학적 작가"라고 소개했다.[18]

다음 세대들도 그의 친구 릴랜드의 평가에 동의했다. 예를 들어, 찰스 스펄전(C. H. Spurgeon)은 풀러를 당대의 "최고 신학자"라고 묘사했고 이 시대의 침례교 역사가인 A. C. 언더우드(A. C. Underwood) 역시 풀러에 대해서 언급했는데, 이는

---

[18] *The Indwelling and Righteousness of Christ no Security against Corporeal Death, but the Source of Spiritual and Eternal Life* (London: W. Button & Son, 1815), 2-3.

릴랜드가 풀러에 대해서 평가했던 것을 정확하게 반영한 것이었다. 언더우드는 풀러를 다음과 같이 평가했다.

"풀러는 특별 침례교도들(Particular Baptists: 존 칼빈의 개혁적 전통을 따르는 침례교도-역주) 가운데 가장 건강하고 가장 독창적으로 유익한 신학자였다."[19]

19세기 웰쉬(Welsh)의 전기작가인 데이빗 필립스(David Phillips)는 풀러를 "케터링의 코끼리"라고 불렀는데, 이는 풀러가 신학적으로 얼마나 큰 공헌을 했는지 암시하는 것으로 풀러에 대한 최고의 표현이라고 볼 수 있다.[20] 풀러는 또한 1792년에 생긴 침례교선교회에서 시작부터 그가 소천하던 1815년까지 제일 서기로 섬겼다.

릴랜드와 풀러는 1778년에 처음 만났는데, 그 때 이 두 사람은 모두 젊었고 매우 중요한 수 많은 신학적 논쟁들을 가지고 씨름하던 때였다. 일년이 지나지 않아서 이 둘은 매우 친한 친구가 되었다. 1782년에 풀러가 케터링으로 이사를 한 뒤에도 노쓰앰턴(Northampton)과 케터링은 13마일 정도

---

19 Spurgeon의 말은 Gilbert Laws의 글에서 인용했다. Gilbert Laws, *Anddrew Fuller: Pastor, Theologian, Ropeholder* (London: Carey Press, 1942), 127; A. C. Underwood, *A History of the English Baptists* (London: The Baptist Union Publication Dept., Kingsgate Press, 1947), 166.

20 *Memoir of the Life, Labors, and Extensive Usefulness of the Rev. Christmas Evans* (New York: M. W. Dodd, 1843), 74.

밖에 떨어지지 않았기 때문에, 이 둘은 종종 대화도 하고 기도도 함께 하며 함께 시간을 보낼 수 있었다. 이 둘의 우정은 풀러가 소천한 1815년까지 37년 동안 깨지지 않았다.

소천하기 9일 전에, 풀러는 릴랜드에게 자신의 장례식 설교를 해달라고 마지막으로 부탁을 했다.[21] 릴랜드는 장례식 설교를 할 때, 흐르는 눈물을 참으면서 풀러를 위해 말씀을 전하는 것이 쉽지 않겠지만, 그의 부탁을 받아들였다.

풀러의 장례식 설교 마지막 부분에서 릴랜드는 그들의 우정이 "어느 한 순간도 어떤 불친절한 말이나 생각으로 인해 방해받지 않았다"라는 점과 "이렇게 소중한 신실하고 사려 깊은 친구"를 잃는다는 것으로 인해 받은 큰 상처는 이 세상의 삶에서 어떤 방법으로도 치료되지 못할 것이라고 고백하며 그 두 사람의 우정에 대한 추억을 간절히 그리워했다.[22]

---

21 *Indwelling and Righteousness of Christ*, 1-2
22 *Indwelling and Righteousness of Christ*, 36-37.

5. 우정의 댓가

풀러가 소천한 다음 해에, 릴랜드는 그의 막역한 친구의 전기를 출간했다. 이 책의 서론에서 릴랜드는 그들의 우정에 대해서 다음과 같이 썼다.

> 우리가 함께 누린 친분으로 인해 내가 확신하는 것은 내가 풀러의 가장 오래되고 가장 친밀한 친구였다는 사실이다. 비록 내가 20년 전에 브리스톨로 옮겨서 각자 멀리 떨어져 있었지만, 우리는 끊임없이 서신을 주고 받으며 친밀한 관계를 잘 유지해왔다. 그리고 마지막으로 하고 싶은 말이 있다. 만약 풀러로부터 편지를 받지 못한 채 2주일이 지났다면, 그 시간은 내게 너무 지루하고 힘든 시간이었다.[23]

1793년에 릴랜드가 노쓰앰턴에서 브리스톨로 이사를 갔을 때, 그는 더 이상 케터링에 있는 그의 친구(풀러)와 거리적으로 충분히 가깝지 않았기 때문에 그 둘은 정기적으로 만날 수 없었다. 그들이 우정을 지속적으로 유지하고 관계가 손상되

---

23 *Life and Death of the Rev. Andrew Fuller* (2nd ed.), viii–ix.

지 않을 수 있는 유일한 길은 편지라는 매개체를 통해서였다.

따라서 20년 이상 풀러와 릴랜드는 끊임없이 서로에게 편지를 보냈다. 그리고 풀러로부터 적어도 2주에 한번 꼴로 편지를 받지 못하면 릴랜드는 그 상황을 "지루한" 것이라고 말했는데, 즉 릴랜드는 그런 상황이 생기면 매우 고통스러워하고 당혹스러워했던 것이었다.[24]

릴랜드와 풀러는 그들의 우정이 부서지기 쉬운 보석이어서 만약 그들의 우정에 필요한 만큼 두 사람이 신경을 쓰지 않으면, 삶이 바빠지면서 그들의 우정이 쉽게 잊혀지거나 소홀히 취급당하기 쉽다는 것을 알고 있었다. 해돈 로빈슨(Haddon Robinson)의 말을 빌려서 표현한다면, 릴랜드와 풀러의 우정처럼 깊은 우정도 "물을 줘야 한다. 그렇지 않으면 땅이 갈라지듯이 우정에 금이 가고 날아갈 것이다."[25]

우정이 더 깊어지도록 하기 위해 필요한 만큼 시간을 들이지 않기 때문에, 얼마나 많은 우정이 쉽게 무너지고 있는가!

---

[24] "지루한"이라는 이 단어의 구시대적 의미에 대해서는 *The Oxford English Dictionary*, s.v.를 참고하라.

[25] "Laughing the Night Away," *Christianity Today*, 37, no. 3 (8 March 1993), 15.

6. 우정 - 있는 그대로의 모습으로

릴랜드와 풀러는 둘 모두 "동일한 종교적 원칙에 깊이 매여있다는 것과, 동일한 실수들에 대한 절대적인 혐오감, 조나단 에드워즈와 같은 동일한 작가들에 대한 애정"을 함께 공유한다는 사실을 발견하면서 서로에게 끌렸다.[26]

다른 말로하면, 그들은 좋은 우정의 가장 근본적인 특징이라 할 수 있는 마음의 연합을 이룰 수 있었다. 그들은 두 영혼이 그리스도의 영광과 그의 나라의 확장을 위한 열정으로 하나되는 것에서 큰 기쁨을 누렸다.

원래 친구는 샴쌍둥이도 아니고 서로에 대한 복제 인간도 아니다. 따라서 친구들은 서로를 "있는 그대로의 모습"으로 받아들여야 하고 서로에게 동의하지 않는 점도 분명히 있다는 것을 아는 것이야말로 진정한 우정의 절대적인 요인이다.[27]

릴랜드와 풀러의 경우에서처럼, 18세기 영어권 침례교 사이에서 가장 뜨거운 이슈였던 공개되거나 제한된 성찬식과 회원자격에 대한 논란에 대해 그 둘은 매우 다른 견해를 가졌다. 18세기에 풀러를 포함해서 칼빈주의 침례교단의 대부

---

26 *Indwelling and Righteousness of Christ*, 35.
27 Robinson, "Laughing the Night Away," 15를 참고하라.

분의 목사들과 회중들의 제한된 회원자격에 대한 정책을 고수했다. 즉, 오직 침례를 받은 믿는 자들만이 지역 교회의 회원이 될 수 있다는 것이다. 제한된 성찬식이란 오직 침례를 받은 믿는 자들만이 그들이 모이는 장소에서 주님의 만찬에 참여할 자격이 있다는 말이다.

그러나, 릴랜드는 지역 교회에서 주님의 만찬에 참여하는 것과 회원권 두가지는 믿는 자로서 침례를 받았는지의 여부에 상관없이 모든 그리스도인들에게 열려져 있어야 한다는 확신을 갖고 있었다. 따라서 릴랜드는 누구에게나 개방된 성만찬과 회원권에 대한 정책을 추진하기 위해 헌신했다.

예를 들어, 릴랜드가 노쓰앰턴에 있는 컬리지레인교회의 담임목사로 재직할 때, 안수집사 중에 한 명인 토마스 트린더(Thomas Trinder)는 안수집사로 임명받은 후에 6년이 지나도록 믿는 자로서 침례를 받지 않았다. 풀러는 그가 목회하던 케터링에 있는 교회 안에서 릴랜드의 교회와 같은 상황이 일어나는 것을 절대로 묵인하려 들지 않았을 것이다. 이처럼 그 두 사람은 분명히 서로 동의하지 않는 부분이 있었지만 그들의 우정이 충분히 견고했기 때문에, 그 어떤 불일치도 그들의 우정을 깨뜨리지 못했다.

그러나 신학적 견해차로 인해 그들의 우정에 심각하게 문제가 되었던 유일한 일이 있었는데, 이는 인도의 세람포(Serampore, India)에서 침례교선교회의의 선교와 연관이 있는 일이었다.[28] 윌리암 캐리(William Carey)를 비롯해서 윌리암 워드(William Ward[1769-1823])와 죠슈아 마쉬만(Joshua Marshman[1768-1837])은 모두 릴랜드와 풀러의 친구들이었는데, 이 선교회는 1805년에 모든 사람에게 개방된 성만찬 정책을 채택했다. 세람포 선교사들이 그 해에 풀러에 편지를 써서 자신들이 다음과 같은 확신을 갖기에 이르렀다고 알렸다.

> 어떤 사람도 진정한 그리스도인을 주님의 만찬에 참여하는 것을 금지할 권리가 없다고 생각합니다. 또 침례교인이 아니거나 유아세례자가 아니더라도 그리스도인으로서 우리에게 전해진 법인 사랑의 법을 범한 것에 대해 죄가 없이는 그 누구도 동일한 주님의 죽음을 기념하는데 있어서 참된 그리스도인과 대화하는 것을 거부할 수 없습니다.... 우리는 와츠(Watts)와 에드워즈(Edwards), 브레이너드(Brainerd), 도드리지(Doddridge), 횟필드(Whitfield)가 비록 침례를 받지 않았지만, 주님의 만찬에 참여한 것이 옳은지의 여부와 그

---

28 더 자세한 내용에 관해서는 E. Danie Potts의 글을 참고하라. E. Daniel Potts, "'I throw away the guns to preserve the ship': A Note on the Serampore Trio," *The Baptist Quarterly*, 20 (1963-1964), 115-17.

들이 주님의 만찬에서 하나님의 임재를 경험했는지의 여부에 대해서 의심할 필요가 없다고 생각합니다.[29]

풀러는 세람포 선교사들이 사용한 논리와 결정한 결과에 대해 매우 심각할 정도로 당혹스러워했지만, 그는 모든 힘과 논리를 동원해서 이 선교사들이 제한된 성찬식에 동의할 것을 설득하도록 애썼다. 그리고 마침내 세람포 선교사들은 1811년에 제한된 성찬식 정책에 동의했다. 물론, 롤랜드는 이런 정책의 반전을 비판하는데 결코 주저하지 않았다.

그러나 롤랜드가 풀러의 정책에 반대하던 것에 대해서 나중에 말한 것에서도 알 수 있는 것처럼, 롤랜드는 풀러를 공격하려는 마음이 없었다.

나는 영국에 있는 어떤 사람들에게 했던 것보다 더 자주 내 생각을 더욱 자유롭고 강하게 풀러에게 표현했지만, 그를 공격하려는 마음은 전혀 없었다.[30]

---

[29] William Carey *et. al.*, *Letter to the Baptist Missionary Society*, 6 August 1805 (Potts, "I throw away the guns," 116에서 인용).

[30] *Life and Death of the Rev. Andrew Fuller* (2nd ed.), ix–x.

우리 모두는 어떤 문제가 가진 본질보다 2차적인 일과 같은 우리의 관점을 더욱 중요한 것이라고 주장하곤 한다. 그로 인해 우리 친구들을 우리 자신의 사고의 틀에 가둬서 우선적인 문제보다 덜 중요한 이런 2차적인 문제에 집중하도록 만드는 유혹을 받는다.

이와 반대로, 풀러와 릴랜드는 많은 침례교 지인들이 한결같이 필수적인 이슈라고 여기는 것에 대해 서로에게 동의하지 않을 수 있다는 점을 진심으로 인정하고 알고 있었다. 그렇게 함으로써 풀러와 릴랜드는 옛 속담에서 말하는 것처럼 그들의 우정을 만들어가려고 애를 썼다는 것이 그들의 삶을 통해서 드러났다.

> 필수적인 것에서는 하나됨을; 비본질적인 것에서는 자유를; 모든 것에서는 긍휼을 가져라.

7. 꼭 필요한 우정

1815년 4월, 임종의 자리에 누워있던 풀러에게 누군가가 그의 가장 오래된 살아있는 친구인 릴랜드를 보고 싶은지를 물었다. 풀러의 반응은 간단했다.

"그는 나에게 더 이상 해줄 수 있는 것이 없습니다."

풀러의 반응은 둘의 오랜 우정이 그 두 사람에게 무엇을 의미하는지에 대해서 별로 감사한 마음이 없는 것처럼 매우 이상하게 들린다. 그러나 이 말은 그 둘의 상황을 통해서 이해를 해야 한다.

릴랜드에게 보낸 마지막 편지에서 풀러는 다음과 같은 말로 시작했다.

> 우리는 오랜 시간 함께 즐거운 시간을 보냈습니다. 그래서 저 천국에서 더욱 큰 즐거움을 갖을 것을 간절히 바라고 있습니다.... [그곳에서] 우리는 다시 만날 것을 믿습니다. 그리고 더 이상 떨어지지 않을 것입니다.[31]

분명히 릴랜드와 나눴던 그의 우정에 대해서 풀러가 가졌던 감정은 그것이 무엇이 되었든지 전혀 변함이 없었다. 그러나 죽음이 거의 가까웠을 때, 풀러는 그 순간에 그가 정말로 필요하다고 알고 있는 유일한 우정이 있었다. 삼위일체 하나님이신 아버지, 아들, 그리고 성령 사이의 우정이었다.

---

[31] Ryland, *Indwelling and Righteousness of Christ*, 33에서 인용.

18세기의 다른 작가인 영국 성공회 목사 제임스 뉴톤(James Newton)은 그의 친구의 임종을 지켜보면서 다음과 같이 기록했다.

> 만약 하나님이 우리의 친구가 된다면, 우리가 두려워할 것이 무엇인가?
> 아무 것도 없다.
> 그러나 하나님과의 우정이 없다면, 우리는 사람들 중에 가장 비참한 사람으로서 보여질 것이다.[32]

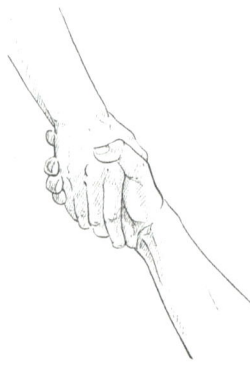

The God Who Draws Near:
An Introduction to the Biblical Spirituality

---

32 1759년 1월 2일 일기의 시작, *The Deserted Village. The Diary of an Oxfordshire Rector: James Newton of Nuneham Courtenay 1736–86* (transcribed and ed. Gavin Hannah [Stroud, Gloucestershire/Dover, New Hampshire: Alan Sutton, 1992], 2).

제9장

선교– 진정한 영성의 필수적 열매

"진정한 예수 그리스도의 교회들은
사람들의 구원을 해산의 수고를 감당한다"

역사적으로, 복음주의 진영 안에서 영적인 활력과 생명이 넘치는 곳에는 선교, 즉 잃은 자들의 구원을 위한 기도와 선교에 대한 적극적인 관심이 항상 있었다.[01] 침례교 전통에서 선교에 대한 세 가지 예를 살펴보도록 하겠다.

첫째, 전형적인 19세기 침례교인인 찰스 스펄전(C. H. Spurgeon)은 메트로폴리탄 터버너클(Metropolitan Tabernacle) 목사로 부름을 받은 지 얼마 되지 않은 25세에 다음과 같이 진지

---

[01] 이런 유산에 관한 Peter Masters의 탁월한 충고를 살펴보라. Peter Masters, "The Battle for Souls," *Sword & Trowel*, no. 2 (2005), 7–15.

하게 결단했다.

> 하나님이 내 삶을 지켜주신다. 만약 내가 나의 성도들의 지지를 받는다면, 수레이(Surrey, 그의 교회가 위치한 런던 남쪽 지역)의 황폐하고 어두운 지역이 하나님을 예배하는 장소로 채워지기까지 나는 결단코 그 일을 쉬지 않을 것이다.[02]

둘째, 많은 이들에게 존경받던 18세기 신학자이자 목사인 앤드류 풀러(Andrew Fuller)도 다음과 같이 말하면서 선교에 대한 동일한 감정을 드러냈다.

> 예수 그리스도의 진정한 교회들은 사람들의 구원을 위해 해산의 수고를 감당해야 한다. 그들은 어린양의 군대이고 그들이 존재하는 가장 중요한 목적은 구세주의 왕국을 확장하는 것에 있다.[03]

---

[02] Mike Nicholls, *C. H. Spurgeon: The Pastor Evangelist* (London: The Baptist Historical Society, 1992), 97에서 인용.

[03] *The Promise of the Spirit, the Grand Encouragement in Promiting the Gospel* (*The Complete Works of the Rev. Andrew Fuller* [Repr. Harrionburg, Virginia: Springkle Publications, 1988], III, 359).

셋째, 스펄전과 풀러가 마음 속 깊이 존경하던 인물로서 17세기 목사이며 기독교 고전인 『천로역정』(The Pilgrim's Progress)의 저자인 존 번연(John Bunyan)은 그의 마음의 '커다란 소원'에 대해서 다음과 같이 말했다.

> [나의 마음의 커다란 소원은] 이 나라에서 가장 어두운 지역으로 들어가는 것이다. 신앙고백과는 매우 거리가 먼 사람들에게 나아가는 것이다. 이는 내가 그 빛을 간직만 있을 수 없기 때문이 아니라 (왜냐하면 나는 나의 복음을 그 누구에게도 보이지 못할 것을 두려워하기 때문이었다), 내 영혼이 영적 각성과 회심의 역사에 강하게 이끌리고 있고 내가 가지고 있는 그 말씀 자체가 그런 사역에 강하게 치우쳐 있기 때문이었다.
>
> 그렇다. 그래서 나는 로마서 15:20 말씀처럼 다른 사람이 세운 곳에 복음을 전하지 않기 위해서 그리스도가 불리지 않는 곳에 복음을 전하기 위해 분투하고 있다. 내 설교에서 나는 정말로 고통을 느끼고 있는데, 이는 하나님께 아이를 낳는 해산의 수고와 같은 것이었다. 만약 내 사역을 통해서 어떤 열매도 맺지 못한다면, 나는 만족할 수 없을 것이다. 만약 내 사역에 열매가 없다면, 그것은 나에게 명령한 분의 문제가 아니다. 그러나 만약 나의 사역에 열매

가 있다면, 나는 누가 나를 정죄하든지 염려하지 않을 것
이다.04

이 세 사람의 잃어버린 남자와 여자에 대한 구원의 열정에
불을 지핀 것은 사도 바울과 같은 초대 교회 그리스도인들의
삶의 모델이었다. 사실, 번연은 분명히 복음 증거를 위한 사
도의 열정이 분명히 드러난 로마서 15:20을 인용하고 있다.

또 내가 그리스도의 이름을 부르는 곳에는 복음을 전하지
않기를 힘썼노니 이는 남의 터 위에 건축하지 아니하려
함이라(롬 15:20).

이 구절은 좀 더 큰 문맥인 로마서 15:18-24을 통해서 이
해할 수 있다. 바울은 로마서 15장에서 복음이 교리와 생활
방식과 연관되어 있는 것처럼 복음의 본질에 대해서 조직적
으로 잘 설명하고 있는데, 로마서 15:18-24은 복음에 대한
바울이 내린 결론의 중간 부분이다. 그 구절은 사도로 부름
을 받은 자신의 소명에 대해 바울이 생각하고 있는 것을 이

---

04 John Bunyan, *Grace Abounding to the Chief of Sinners* (W. R. Owens, ed. [Harmondsworth, Middlesex: Penguin Books Ltd., 1987], 72-73).

해하는데 있어서 매우 중요한 관점을 제공하고 있다.

로마서의 제일 처음 부분에서 바울은 로마에 있는 성도들을 찾아가서 만나고 그들을 격려하고 복음을 전함으로써 그들을 믿음 안에서 견고케 하고 그들에게 위로를 받고 돌아오기를 소원한다고 말했다(롬 1:10-15). 로마서 마지막 부분인 15:14-24에서, 바울은 이런 여행 계획에 대해서 다시 한 번 언급하고 있다.

> 내 형제들아 너희가 스스로 선함이 가득하고 모든 지식이 차서 능히 서로 권하는 자임을 나도 확신하노라 그러나 내가 너희로 다시 생각나게 하려고 하나님께서 내게 주신 은혜로 말미암아 더욱 담대히 대략 너희에게 썼노니 이 은혜는 곧 나로 이방인을 위하여 그리스도 예수의 일꾼이 되어 하나님의 복음의 제사장 직분을 하게 하사 이방인을 제물로 드리는 것이 성령 안에서 거룩하게 되어 받으실 만하게 하려 하심이라
> 그러므로 내가 그리스도 예수 안에서 하나님의 일에 대하여 자랑하는 것이 있거니와 그리스도께서 이방인들을 순종하게 하기 위하여 나를 통하여 역사하신 것 외에는 내가 감히 말하지 아니하노라
> 그 일은 말과 행위로 표적과 기사의 능력으로 성령의 능력으

> 로 이루어졌으며 그리하여 내가 예루살렘으로부터 두루 행하여 일루리곤까지 그리스도의 복음을 편만하게 전하였노라 또 내가 그리스도의 이름을 부르는 곳에는 복음을 전하지 않기를 힘썼노니 이는 남의 터 위에 건축하지 아니하려 함이라 기록된 바 주의 소식을 받지 못한 자들이 볼 것이요 듣지 못한 자들이 깨달으리라 함과 같으니라 그러므로 또한 내가 너희에게 가려 하던 것이 여러 번 막혔더니
> 이제는 이 지방에 일할 곳이 없고 또 여러 해 전부터 언제든지 서바나로 갈 때에 너희에게 가기를 바라고 있었으니 이는 지나가는 길에 너희를 보고 먼저 너희와 사귐으로 얼마간 기쁨을 가진 후에 너희가 그리로 보내주기를 바람이라(롬 15:14-24).

여기에서 바울은 특별히 네 가지를 강조하고 있다.

첫째, 15절에 보면, 받을 자격이 없는 자에게 주시는 하나님의 은혜와 긍휼에 대한 놀라운 고백이 담겨있는데, 이것이 이방인을 향한 바울의 전체 사역의 가장 기본임을 보여주고 있다.

둘째, 바울이 그의 독자들에게 자신이 머물고 있는 지중해 지역을 중심으로 그의 사역이 지금까지 어떻게 진행되어 왔는지를 설명할 때, 과거에 이루어졌던 사역에 있어서 하나

님의 은혜가 언급되고 있다.

셋째, 바울은 로마에 있는 그리스도인들에게 그가 앞으로 로마에 방문해서 그들을 만날 계획이 있다는 것과 로마에서 로마 제국의 가장 서쪽 지역인 스페인으로 이동할 때 이들이 지원해주기를 바란다는 점을 말하면서, 앞으로 일어날 사역에 있어서 하나님의 은혜에 대해서 말하고 있다.

넷째, 이 구절은 지역 교회를 세우는데 있어서 하나님의 영광을 드러내려는 사도 바울의 사역에 대한 마음을 효과적으로 보여주고 있다.

1. 지중해 동부 선교사역

바울은 자신이 선구적 복음전도자이고 교회의 기초를 쌓는 사람으로 부름을 받았다는 사실을 매우 잘 인식하고 있었다. 사도로 부름받은 초기에, 바울은 부활하신 예수님으로부터 자신이 이방인들에게 보냄을 받았다고 분명히 들었다

> 그 눈을 뜨게 하여 어둠에서 빛으로, 사탄의 권세에서 하나님께로 돌아오게 하고(행 26:18).

그리고 20년 동안 바울은 구브로와 에베소, 아덴과 고린도 지역처럼 사탄의 강력한 권세가 있는 지역에서 담대하게 복음을 전했다. 그가 설교하고 가르칠 때, 성령의 능력이 그의 말씀을 통해 나타났다(롬 15:19).

수많은 이방인들이 영적 죽음의 어둠으로부터 성령의 능력으로 빠져나왔고 죄에 묶여있던 속박으로부터 자유케 되었으며 하나님의 나라의 빛으로 들어오고 그 지역 교회에서 다른 믿는 자들과 연합하고 사탄의 권세로부터 구원을 받고 하나님과 화목케 되었다.

로마서 15:20에서 바울이 우리에게 말하고 있는 것처럼, 바울은 예수 그리스도의 이름이 예배 중에 불려지지 않고 주님을 알지도 못하고 고백하지도 않는 모든 도시와 마을에 복음을 전하는 것을 의도적으로 그의 사역의 목적으로 삼았다.

그리고 하나님의 은혜로 말미암아 예루살렘으로부터 오늘날 알바니아(Albania)와 유고슬라비아(Yugoslavia) 지역인 아드리아 만(Adriatic Gulf)의 동쪽 해안가를 따라 내려가는 일루리곤 지역에 이르기까지 중요한 장소와 큰 도시에 교회들이 세워질 수 있었다(롬 15:15, 19). 바울의 사역은 지중해 지역의 북동쪽에 집중되어 있었다.

19절에서 바울이 사용한 단어 '큐클로이'(kyklō)는 문자적으로 '원형으로'라는 의미로 이는 '주변을 두루 행하다'라는 말이다. 사도 바울이 이 단어를 사용함으로써 예루살렘으로부터 일루리곤까지 통하는 길을 선교의 커다란 원의 일부분으로 보고 있다는 것을 보여주고 있다. 구체적으로 바울은 하나님의 성령에 이끌려서 그의 초기 사역 지역으로 예루살렘으로부터 일루리곤을 지리적 목표로 삼았다.[05]

바울이 애굽이나 지중해 남부 해안지대의 일부 지역이나 로마 제국 외부에 거하는 사람들, 즉 바사(Parthians)로부터 제국의 동쪽이나 게르만족으로부터 북쪽 지역을 대상으로 교회를 세우는 것을 그의 사역의 목적으로 삼았다는 말은 바울의 어떤 서신서들이나 사도행전에도 찾아볼 수 없다.[06]

바울은 이런 지역에서 복음을 전하는 사역은 복음을 전하는 다른 개척자에게 남겨뒀다. 바울이 알고 있었던 것은 하나님이 그를 지중해의 북쪽 해안에 위치해 있던 이 특별한 지역으로 복음을 전하도록 부르셨다는 점이다.

바울이 20절에서 그의 사역을 생각하면서 기초를 놓는 것

---

[05] 바울이 언제 일루리곤에서 설교를 했는지는 알려져있지 않다. 헬라어 '키크로'(Kyklō)는 '거기까지', 즉 '일루리곤의 경계까지'를 의미한다고 볼 수 있다.
[06] W. P. Bowers, "Mission" in Gerald F. Hawthorne, Ralph P. Martin, and Daniel G. Reid, eds., *Dictionary of Paul and His Letters* (Downers Grove, Illinois/Leciester: InterVarsity Press, 1993), 612.

으로 묘사하고 있다는 점은 매우 의미심장하다. 이것은 고린도전서 3:10에서 바울이 그의 삶을 통해 이룰 사역의 정확한 모습에 대해서 생각하던 때에 사용한 이미지였다. 이 구절에서 바울은 그의 독자들에게 "지혜로운 건축자"가 고린도 지역에 교회의 "기초"를 닦았다는 사실을 알려주고 있다.

바울이 벽돌을 만드는 것처럼 그의 사역의 모습을 개별적으로 이방인을 그리스도에게로 데리고 오는 것으로 묘사하고 있는 것은 결코 우연이 아니다. 바울은 이 구절들에서 자신을 '건물'을 짓는 건축자, 즉 예배와 교리와 삶에서 그리스도 중심적인 공동체를 설립하는 자로 그리고 있다.[07]

복음 전도하는 개척자와 선교사로서 바울의 목적은 잃은 영혼을 구원하는 것만이 아니라, 그들을 함께 모아서 동일한 마음을 품는 남자와 여자의 공동체로 바꾸는 것에 있다. 신약학자인 오브라이언(P. T. O'Brien)은 이런 바울의 목적을 다음과 같이 설명하고 있다.

> [바울에게 있어서] 그리스도께로 회심(conversion to Christ)
> 하는 것은 그리스도에게로 흡수되는 것을 의미하기 때문

---

[07] Bowers, "Mission," 609.

에 기독교 공동체 안에 거하는 회원을 의미한다.[08]

사실, 브라이언이 언급한 것처럼, 바울은 그의 부르심의 실제에 대한 증거로서 그런 공동체를 보려고 했다. 바울은 기독교는 결코 고립된 종교를 의미하지 않는다고 말한 존 웨슬리(John Wesley)의 설명에 분명히 동의했을 것이다.

이것이 믿는자로서 복음 전도에 대한 당신의 비전인가?

단순히 개인적인 회심이 목표가 아니라, 새롭게 믿는 자들이 하나님의 말씀으로 돌봄을 받고 성숙한 그리스도인으로 자랄 수 있고, 그들이 그리스도 안에서 믿는 자들의 연합에 대해 강력하게 말하는 규례로서 주님의 만찬에 규칙적으로 참여할 수 있고 그들이 그리스도인의 교제의 참된 기쁨을 알 수 있는 기독교 공동체를 만드는 것이다.

다시 말하면, 제2런던 신앙고백서(the Second London Confession of Faith[1677])에서 믿는 자들은 "그들의 믿음의 고백에 의해 거룩한 교제를 유지하는 것과 하나님을 예배함에 있어서 성찬에 참여하는 것에 헌신해야 한다"라고 했는데, 바울

---

[08] P. T. O'Brien, *Gospel and Mission in the Writings of Paul an Exegetical and Theological Analysis* (Grand Rapids: Baker/Calisle, United Kingdom: Paternoster Press, 1995), 42.

은 이 말들에 전적으로 동의했을 것이다.[09]

2. 지중해 서부 선교를 위한 계획

지중해의 북동쪽에서 바울의 사역은 로마서를 쓰기 전에 로마를 방문하려던 바울의 계획을 막았다(롬 15:22). 그러나 이제 바울은 이 지역에서 그의 개척사역은 마칠 때가 되었음을 분명히 알고 있었다.

이 지역에서의 바울의 사역이 마무리가 되었음을 들은 적이 없는데, 바울은 어떻게 이것을 알았을까?

그러나 그런 방향에 대한 감각은 지난 몇 해를 보더라고 하나님의 다른 종들에게도 주워졌던 것임을 알 수 있다.

예를 들어, 마틴 로이드 존스(Martyn Lloyd-Jones)가 1968년에 런던에 있는 웨스트민스터 채플(Westminster Chapel)에서 그의 놀라운 사역을 내려놓고 은퇴를 할 때, 그의 사역의 한 장이 마무리되고 있다는 것과 새로운 사역의 장이 시작될 것

---

09 *The Second London Confession of Faith* 27.2 (A Faith to Confess: The Baptist Confession of Faith of 1689 [4th ed.; Haywards Heath, Sussex: Carey Publications Ltd., 1982], 60).

이라는 깊은 확신을 갖게 되어서 은퇴를 결심했다. 당시, 로이드 존스는 암으로 대수술을 받고 있었는데, 나중에 로이드 존스는 이에 대해서 이렇게 말했다.

> [이것이] 점점 커져가는 확신을 불러일으키는 분명한 요인이었다.

그가 자신에게 큰 수술이 필요하다는 알았을 때, 로이드 존스는 이렇게 느꼈다.

> 나는 하나님이 나에게 '이것이 하나의 사역의 마지막이고 다른 사역의 시작이다' 라고 말씀하시는 것을 느꼈다.[10]

우리는 바울 사도가 "이 지방에 일할 곳이 없고 또 여러 해 전부터 언제든지 서바나로 갈 때에 너희에게 가기를 바라고 있었으니"(롬 15:23)라고 확신하기에 이르도록 하나님이 바울의 삶에 어떤 요인을 불러일으키셨는지는 모른다. 그러나 그 확신은 로이드 존스가 가졌던 확신과 유사한 것으로 보여

---

10 *Letters 1991–1981*. Selected Iain H. Murray (Edinburgh: The Banner of Truth Trust, 1994), 214.

진다. 하나님이 바울의 선교사역의 한 장을 마무리지으시고 다른 사역의 장을 새롭게 열고 계셨다.

새로운 사역의 장소로서, 바울은 하나님이 그에게 지중해의 다른 쪽 끝인 스페인(Spain)를 주셨다고 확신했다.[11] 사도 바울이 실제로 스페인 땅에 발을 내딛었는지의 여부는 주석가들 사이에서 활발한 논쟁거리다. 16세기 종교개혁가인 존 칼빈(John Calvin)은 바울이 스페인에 이르렀는지는 정말 불확실하다고 생각했다.[12]

19세기 초기의 복음주의 성공회 주석가인 토마스 스코트(Thomas Scott[1747-1821])는 바울이 서바나에 갔다고 믿었다. 자신의 주장을 뒷받침하기 위해, 스코트는 1세기 말에 로마 교회의 장로에 의해서 씌여진 초대 기독교 문서인 클레멘트 제1서신(1 Clement)을 인용했는데, 여기서 바울이 지중해 "서쪽의 한계"에까지 여행을 했다고 말하는데, 이곳이 바로 스

---

11 바울의 사역이 여전히 지중해 북쪽 지역에 집중되어있다는 사실은 기억할만하다. 따라서 James D. G. Dunn은 그것을 매우 개연성있는 것으로 생각하고 있다. "다른 이들이 지중해의 반인 남쪽을 대상으로 한다면, 바울의 웅장한 소망은 지중해의 반인 북쪽 지역을 대상으로 하는 사역이었다"(*Romans 9-16* [*Word Biblical Commentary*, vol. 38B; 1988 ed.; repr. Milton Keynes: Word [UK] Ltd., 1991],872).

12 John Calvin, *The Epistles of Paul the Apostle to the Romans and to the Thessalonians*, trans. Ross Mackenzie (1960 ed.; repr. Grand Rapids: Wm. B. Eerdmans Publishing Co., 1973), 314.

페인이었다는 말이다.[13]

바울이 이런 새로운 선교사역을 수행할 것을 고려했을 때, 그가 생각해야 했던 여러 도전들을 살펴보는 것은 매우 유익하고 바울의 새로운 사역을 이해하는데 도움이 될 것이다. 로마는 기원전 3세기에 스페인을 침공하기 시작했고 바울의 시대에는 모든 도시가 완전히 로마의 지배를 받게 되었다. 그러나 바울이 스페인에 복음을 전하기 위해서 직면해야 했던 두 가지 큰 어려움이 있었다.

첫째, 기원후 3세기와 4세기까지 스페인에 어느 정도 규모의 유대인 정착이나 회당이 존재했다는 증거가 없다.[14]

알다시피, 지중해 동부 지역에서 바울이 그 도시 안에 지역 교회를 세우려고 할 때, 바울의 일반적 선교 전략은 회당을 복음전도의 시작점으로 삼는 것이었다. 예를 들어, 바울이 아덴에 갔을 때, 그는 먼저 회당에 찾아가서 그곳에서 예

---

[13] Thomas Scott, *The Holy Bible* (Boston Crocker and Brewster, 1858), VI, 107. 스페인 또는 아마도 갈리아(Gaul)을 지칭하는 "서쪽의 한계"라는 구절에 대해서는 E. Earle Ellis의 글을 참고하라. E. Earle Ellis, "The End of the Earth" (Acts 1:8)," *Bulletin of Biblical Research*, 1 (1991), 129.

[14] Robert Jewett, "Paul, Phoebe, and the Spanish Mission" in Jacob Neusner, ed., *The Social World of Formative Christianity and Judaism* (Philadelphia: Fortress Press, 1988), 143-44.

배를 드리고 있는 유대인들과 이방인들에게 그리스도에 대한 논리를 펼쳤다(행 17:16-17). 예외 없이 바울은 회당에서 반대에 부딪쳤고 결과적으로 복음전도를 위한 다른 방법을 모색해야만 했다.

그러나 사도행전으로부터 분명히 알 수 있는 것은 바울이 복음을 들을 만한 사람을 찾고자 했을 때 가장 먼저 시작한 장소는 회당이었다는 사실이다. 이는 예수님이 메시아로서 구약 전체를 통해서 그에 관해 예언된 모든 예언을 완성하셨다는 사실을 고려할 때 매우 잘 이해될 것이다. 더욱이 바울과 회당에 참석하던 사람들은 구약성경을 하나님의 순전한 계시로서 경배한 반면, 헬라인들과 로마의 이교도들은 분명히 그렇지 않았다.

그러나 만약 스페인에 어떤 중대한 유대인 정착이 전혀 없었다면, 복음전도의 방법이 바뀌어져야 했을 것이다. 바울은 그의 복음전도의 사역을 완전히 이교도의 환경에서 시작해야 했을 것으로 기대해야만 했을 것이다. 여기서 말하는 이교도의 환경이란 구약성경에 대한 이해가 전혀 없고 만약에 있더라도 예수님이 메시아였다는 선언을 하더라도 처음에는 전혀 관심도 갖지 않을 수 있다는 환경을 말한다.[15]

---

15 Jewett, "Paul, Phoebe, and the Spanish Mission," 144.

둘째, 비록 스페인이 로마에 의해서 지배를 당하고 있었고 로마인들은 의식적으로 이베리아 반도(Iberian Peninsula, 스페인과 포르투갈을 포함하는 반도), 특히 북쪽의 수 많은 곳에 살고 있는 사람들을 로마식으로 바꾸려고 애를 썼음에도 불구하고, 로마의 문명은 단순히 껍데기 수준이었다.

더욱이 바울이 지중해 동부 지역에서 주로 사용했던 언어인 헬라어는 지중해를 따라서 일부 지역에서만 사용되었다. 바울은 라틴어를 사용해야만 했을 것이고 로마의 문화가 미치지 못한 지역에서는 그 지역의 언어를 사용할 수 있는 통역가의 도움을 얻었어야만 했을 것이다.[16]

만약 바울이 그의 사역을 그 지역에서 상대적으로 소수인 헬라어를 말할 수 있는 사람들에게 집중했다면, 그것은 복음의 확장을 지연시켰을 것이다. 따라서 복음의 선포와 가르침을 라틴어로 하는 것이 필요하고, 이 말은 아마도 사도 바울이 설교와 가르치기 위해서 이 언어를 매우 유창하게 해야할 필요가 있었다는 것을 의미한다.

그러나 지금까지 우리가 알고 있는 바에 의하면, 이 시점에 구약성경을 라틴어로 번역했다는 그 어떤 증거도 없다. 그래서 바울은 성경을 스스로 번역해야만 했거나, 적어도

16　Jewett, "Paul, Phoebe, and the Spanish Mission," 145–46.

그렇게 하기 위해서 어떤 도움을 받아야 했을 것이다.[17]

따라서 스페인에서의 선교를 계획함에 있어서 바울은 그가 지금까지 행해왔던 선교사역들과는 매우 다른 어떤 방법들을 고려하고 있었을 것이다. 바울은 어느 정도의 언어적 문제를 가지고 있었고 완전히 다른 이교적 환경으로 들어가고 있었다.

왜 바울은 지중해 동부 지역에서 아직까지 할 일이 많이 남아있는 것 같은데, 그곳에서 매우 힘든 20여 년의 시간이 지나자마자 이런 일을 하려고 했을까?[18]

글쎄, 우선 생각해 볼 수 있는 것은 지중해 동부 지역에서의 사역이 서서히 줄어들고 있다고 바울이 믿고 있었다는 점이다. 그리고 바울은 고린도전서 9:16에서 표현한 것이 실제로 자신에게 일어날 것이라고 확신했다.

만일 복음을 전하지 아니하면 내게 화가 있을 것이로다

(고전 9:16).

---

17 Jewett, "Paul, Phoebe, and the Spanish Mission," 146-47.
18 롬 15:23은 바울이 더 이상 지중해 북동 지역에 설교를 할 곳이 없다거나 그 지역의 모든 도시와 마을까지 한 군데도 빠짐없이 모두 말씀을 전했다는 의미로 이해해서는 안된다. 오히려, 바울은 이 지역에서 그 주변의 도시와 마을에 복음을 전할 수 있도록 주요 도시들에 안정적인 교회들을 세우려는 그의 사역의 부르심을 완성했다고 볼 수 있다.

바울의 삶을 위한 하나님의 부르심은 그가 특별히 지중해 북부 지역에 사는 이방인들에게 복음을 전하는 설교자가 되는 것이었다. 그리고 만약 바울이 자신을 향한 하나님의 부르심을 완성하는 것을 거부하면, 하나님이 기뻐하지 않을 것을 알고 있었다.[19]

그러나 더욱 중요한 것은 어느 곳에 살고 있는 사람들이든지 그리고 그들이 어떤 인종에 속해있든지 바울은 모든 사람들은 하나님께 영광을 돌리기 위해 창조되었다는 점을 분명히 알고 있었다.

로마서 1장에서 바울이 이방인들에게 존재하는 죄인된 성품에 대해 논의할 때, 그가 제일 처음으로 언급하는 것은 타락한 이방인들이 하나님께 영광을 돌리는데 있어서 실패했다는 점이다(롬 1:21). 그러나 이제 영광의 주님인 예수님의 죽음과 부활로 말미암아, 이방인들은 바울이 로마서 15장에서 말한 것처럼 하나님께 영광을 돌릴 수 있게 되었다.

---

[19] 이 구절에 대한 논의는 Gordon Fee의 글을 참고하라. Gordon D. Fee, *The First Epistle to the Corinthians* (Grand Rapids: William B. Eerdmans Publishing Co., 1987), 418-19.

내가 말하노니 그리스도께서 하나님의 진실하심을 위하여 할례의 추종자가 되셨으니 이는 조상들에게 주신 약속들을 견고하게 하시고 이방인들도 그 긍휼하심으로 말미암아 하나님께 영광을 돌리게 하려 하심이라 기록된 바 그러므로 내가 열방 중에서 주께 감사하고 주의 이름을 찬송하리로다 함과 같으니라
또 이르되 열방들아 주의 백성과 함께 즐거워하라 하였으며 또 모든 열방들아 주를 찬양하며 모든 백성들아 그를 찬송하라 하였으며 또 이사야가 이르되 이새의 뿌리 곧 열방을 다스리기 위하여 일어나시는 이가 있으리니 열방이 그에게 소망을 두리라 하였느니라(롬 15:8-12).

바울을 스페인으로 이끈 것은 그곳에서 복음을 전하기를 원하시는 하나님의 명령이었다. 그래서 이방인들 중에 선택된 자들이 그들의 존재 이유인 "하나님을 영화롭게 하는" 이유를 찾을 수 있을 것이다. 그리고 웨스트민스터 소요리문답(Shorter Westminster Catechism)에 "하나님을 영원히 영화롭게 하기 위해서"라는 말을 넣은 것은 정말 잘한 것이다. 또한 찬송가 작사가인 찰스 웨슬리(Charles Wesley[1707-1788])도 이 점을 매우 잘 표현했다.

나의 마음을 넓히고 불을 지피고 채우소서

하나님의 한없는 자비로움으로

그래서 나의 힘을 온전히 사용케 하소서

그리고 당신과 같은 열정을 가지고 그들을 사랑케 하소서

그리고 그들을 당신의 열려진 곳으로 이끌게 하소서

그들의 목자가 위하여 죽은 양떼들을.[20]

*The God Who Draws Near:
An Introduction to the Biblical
Spirituality*

---

[20] 이 구절에 대한 나의 관심은 Jill Masters의 영향을 받았다. Jill Masters, *Building an Outreach Sunday School, A Lessons for Life Manual* (London: The Wakeman Trust, 2005), 5.

CLC
영성 시리즈

- **영성과 중독**

올리버 모건, 멀 조던 편집 | 문희경 옮김 | 신국판 | 496면

- **사막 교부 영성 톺아보기**

유재경 지음 | 신국판 | 288면

- **기독교 영성 연구**

아서 홀더 편집, 샌드라 슈나이더스 외 지음 | 권택조 외 옮김
크라운판 양장 | 808면

- **예배와 영성**

최창국 지음 | 신국판 | 384면

- **영성과 교회**

송성진 지음 | 신국판 | 312면

- **주빌리를 선포하라: 21세기를 위한 영성**

마리아 해리스 저 | 김은주 역 | 신국판 | 224면

- **선교적 셀교회와 영성형성**

구성모 지음 | 신국판 | 384면

- **선교사와 선교적 영성**

구성모 지음 | 신국판 | 270면

- **영혼 돌봄을 위한 기독교 영성**

최창국 지음 | 신국판 양장 | 624면

- **사랑과 영성**

권병록 지음 | 신국판 | 440면

- **영성과 설교**

최창국 지음 | 신국판 | 256면

- **영성과 상담**

최창국 지음 | 신국판 양장 | 616면

- **심층 심리와 기독교 영성**

김홍근 지음 | 신국판 | 302면

- **영성과 경건**

나용화 지음 | 신국판 | 268면

- **기독교 영성신학**

권택조 지음 | 신국판 | 303면

- **사복음서의 영성**

스티븐 C.바턴 지음 | 김재현 옮김 | 신국판 | 206면

- **복음주의 영성**

제임스 M.고든 지음 | 임승환 옮김 | 신국판 | 408면

깊은 영성: 성경적 영성으로의 초대

The God Who Draws Near: An Introduction to the Biblical Spirituality

2017년 3월 30일 초판 발행

지 은 이 | 마이클 헤이킨

옮 긴 이 | 이홍길

편　　집 | 변길용, 권대영
디 자 인 | 신봉규, 서민정, 전지혜
펴 낸 곳 | 사)기독교문서선교회
등　　록 | 제16-25호(1980. 1. 18)
주　　소 | 서울시 서초구 방배로 68
전　　화 | 02) 586-8761~3(본사) 031) 942-8761(영업부)
팩　　스 | 02) 523-0131(본사) 031) 942-8763(영업부)
홈페이지 | www.clcbook.com
이 메 일 | clckor@gmail.com
온 라 인 | 기업은행 073-000308-04-020, 국민은행 043-01-0379-646
　　　　　 예금주: 사)기독교문서선교회

ISBN 978-89-341-1790-2 (94230)
ISBN 978-89-341-1753-7 (세트)

* 낙장 · 파본은 교환해 드립니다.

이 도서의 국립중앙도서관 출판시 도서목록(CIP)은 서지정보유통지원시스템 홈페이지(http://seoji.nl.go.kr)와 국가자료공동목록시스템(http://www.nl.go.kr/kolisnet)에서 이용하실 수 있습니다.
(CIP제어번호: CIP2018007024)